Las Religiones Tradicionales de Corea

COLECCIÓN ESTUDIOS COREANOS

Las Religiones Tradicionales de Corea

Traducción y compilación de Sun-me Yoon

Publicado por la Editorial de Universidad Dankook, Yongin, Gyeonggido, República de Corea
Primera edición: noviembre de 2014

IMPRESO EN LA REPÚBLICA DE COREA

ISBN: 978-89-7092-530-1 03200
ISBN: 978-89-7092-436-6 (Set)

Colección Estudios Coreanos 3

Las Religiones Tradicionales de Corea

Traducción y compilación de Sun-me Yoon

Editorial de Universidad Dankook

PRÓLOGO

La presente obra constituye el tercer volumen de la Colección Estudios Coreanos que publica el Instituto de Estudios de Asia y América de la Universidad Dankook. Esta colección de Estudios Coreanos está integrada por trabajos que presentan distintos aspectos de la historia y la realidad de Corea con el objeto de ofrecer un primer acercamiento a este país a los hablantes de lengua hispana y subsanar en alguna medida la falta de material bibliográfico en español sobre Corea.

En este volumen sobre las religiones tradicionales de Corea nos hemos centrado en las tres creencias ancestrales que han moldeado el modo de ser y de ver el mundo de los coreanos: el chamanismo, el confucianismo y el budismo. El chamanismo es la religión más antigua y autóctona de Corea. Si bien nadie se reconocería como un creyente chamanista, es un conjunto de creencias que sigue manteniendo una influencia activa hasta nuestros días, al punto de que todo coreano tiene la experiencia de haber visitado alguna vez en su vida a un chamán o *mudang* para conocer el futuro o pedir consejo sobre un problema. El confucianismo, nacido en China, floreció en Corea como en ninguna otra parte del mundo. Más que una religión, fue un sistema ético-moral y de organización sociopolítica que tuvo el poder de cimentar y sostener el reino de Joseon durante 500 años, antes de que Corea se abriera a Occidente. El budismo que nació en la India fue recibido con apasionamiento por los chinos, que enriquecieron aún más su sistema filosófico, de por sí hondo y conmovedor. Introducido en Corea hace más de 1.500 años, ha pervivido hasta hoy no solo ofreciendo fe y consuelo religioso, sino también frutificando bajo la forma de hermosísimas e incontables obras de arte. En particular los templos budistas, de los que existen miles dispersos en las montañas de toda Corea, se encuentran enclavados en lugares que ofrecen los paisajes y las vistas panorámicas más bellos del país.

Cada una de las religiones presentadas se estructura a grandes rasgos en tres partes. En la primera, se exponen los conceptos generales y a la vez fundamentales para comprender la religión en cuestión. Esto hace que la lectura de este libro puede ser emprendida con provecho por cualquier persona, aunque no posea ningún tipo de conocimiento previo sobre el tema. En la segunda parte, se desarrolla la evolución histórica y filosófica de cada una de las religiones. Por último, en la tercera parte -quizá la más interesante y original-, se estudia el influjo que tuvo la religión en cuestión en forjar el carácter y la idiosincracia social de los coreanos.

Para elaborar este libro nos hemos basado en gran medida en el primer tomo del estudio *Las religiones de Corea, una lectura cultural* del profesor Choe Jun-sik (*Hangukeui jonggyo, munhwaro ilkneunda*, Seúl, Sagyejeol: 2005). No realizamos una traducción literal de la obra sino que compilamos y tradujimos las partes que nos parecieron más importantes e interesantes, complementándolas con datos e informaciones que obtuvimos de diversas fuentes enciclopédicas. Aprovecho la ocasión para agradecer a Lee Yong-sun que me proporcionó amablemente algunas de las fotografías y a Sebastián Parodi que realizó la lectura y revisión final de esta obra.

Seúl, otoño de 2014

Sun-me Yoon

ÍNDICE

LAS RELIGIONES TRADICIONALES DE COREA

I. El chamananismo El sentir religioso más primitivo de los coreanos

1. El chamanismo como religión

2. El chamanismo y las otras religiones

3. El chamanismo y el modo de ser de los coreanos

1. El chamanismo como religión

1.1. Definición de chamanismo

La mayoría de la gente piensa que el chamanismo (*mugyo* en coreano) no es más que una costumbre tradicional o una forma de religiosidad popular y, en el peor de los casos, una superstición. Sin embargo, es importante dejar en claro que, desde donde se lo mire, el chamanismo es una religión en toda regla.

En el chamanismo, cuando una persona se enfrenta a problemas graves que no puede superar o resolver por sus propios medios, se encomienda a poderes sobrenaturales con el concurso y la mediación de un chamán o *mudang*. Según los mitos chamanistas, originalmente todos los seres humanos poseían el poder de comunicarse con las divinidades, pero la mayoría lo perdió al degradarse su condición y solo unos pocos conservaron ese don espiritual. Estos elegidos son los chamanes, que son los encargados de interceder entre la divinidad y el hombre corriente. En este sentido, en el chamanismo se da exactamente la misma estructura tripartita que se aprecia en una religión teísta, como se puede ver en el siguiente esquema:

divinidades (divinidad)

↓

chamán (sacerdote)

↓

creyente

Sin embargo, en el chamanismo estos tres elementos no se conjugan en cualquier lugar y momento sino en una situación determinada, que es el rito chamanista o *gut*. Es solo a través del rito chamanista que el creyente se comunica con las divinidades y se resuelven los conflictos y vuelve la armonía al cosmos al reconciliarse los ámbitos celestial y humano.

Para conocer la función del chamán resulta interesante analizar el ideograma chino *mu* 巫, que es la raíz de las palabras *mudang y mugyo*, que significan en coreano "chamán" y "chamanismo" respectivamente. Algunos dicen que este ideograma representa un instrumento que utilizaban antiguamente los chamanes para leer la suerte, pero la siguiente interpretación convencional es mucho más ilustrativa para nuestro propósito. En el ideograma 巫 encontramos una línea horizontal superior y otra inferior (二), una línea vertical que une ambas líneas (工) y a ambos lados dos ideogramas que significan "ser humano" (人). Según esta interpretación, la línea horizontal superior representa el cielo, la línea horizontal inferior representa la tierra y la línea vertical que une a ambas representa al chamán. Es una representación muy gráfica de la función de mediador que tiene el chamán entre el mundo celestial y el mundo humano.

Sin embargo, no hay que pasar por alto los dos ideogramas de "ser humano" que están a ambos lados de la línea vertical. Estos ideogramas juntos representan a personas danzando y la danza es un componente infaltable en un rito chamanista, puesto que es a través de la danza y el canto que el chamán recibe en su cuerpo a la divinidad y transmite su palabra a los creyentes.

Veamos la representación gráfica de esta relación en el siguiente esquema:

La razón por la que la relación divinidad-creyente está representada con una línea de puntos es que sin la intermediación del chamán, la comunicación entre el creyente y la divinidad es imposible.

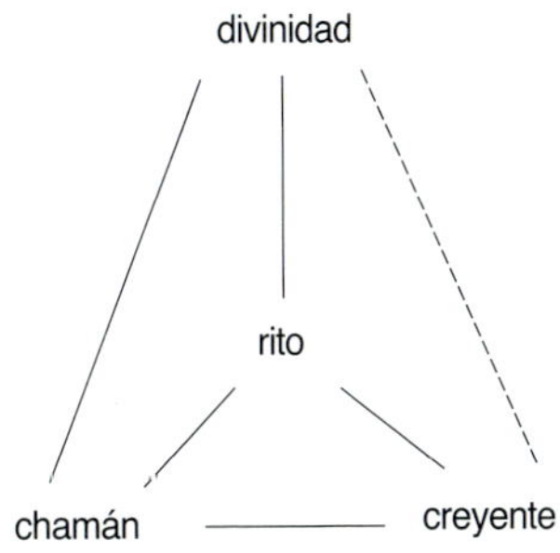

1.2. Filiación del chamanismo coreano

Según los estudiosos, el chamanismo coreano tiene su origen en el chamanismo siberiano del nordeste asiático, pues ambos tipos de chamanismo presentan muchas semejanzas desde el punto de vista estructural y funcional.

Sin embargo, existe una diferencia notable que es la técnica que utilizan los chamanes de una y otra región para caer en el estado de éxtasis que les permite establecer comunicación con el ámbito divino. En el chamanismo coreano las divinidades bajan a la tierra y se posesionan del cuerpo de los chamanes, mientras que en el chamanismo siberiano los chamanes no esperan a que las divinidades vengan a ellos sino que sus espíritus se desprenden del cuerpo y viajan por los espacios celestiales o infraterrenales para encontrarse con las divinidades.

La causa de esta diferencia se encuentra en las particularidades geográficas y culturales de ambas regiones. En Corea predominaba la cultura agrícola, lo que implicaba una vida sedentaria y dependiente de las condiciones climáticas y naturales, de modo que los chamanes no podían ser sino sedentarios y pasivos. En cambio, en Siberia ha predominado siempre la cultura nómada de la caza, de modo que la gente está en una continua lucha

Chamán siberiano

con la naturaleza y en constante desplazamiento para buscar mejores condiciones de vida, así que es perfectamente natural que los chamanes siberianos no esperen a que las divinidades vengan hacia ellos sino que vayan directamente en su busca.

1.3. Historia del chamanismo coreano

El chamanismo antes y durante el período de los Tres Reinos[1]

1) El período de los Tres Reinos (Samguk sidae) corresponde al de los antiguos reinos de Goguryeo, Baekje y Silla, que dominaron la península coreana y gran parte de Manchuria desde el año 57 a. de C. hasta el triunfo de Silla sobre Goguryeo en 668, que marca el comienzo de los reinos de Balhae en el norte y de Silla Unificada en el sur.

Recreación de un chamán coreano del período tribal.
Obsérvese el espejo ritual en el pecho y los cascabeles en la cintura,
que siguen siendo implementos imprescindibles de los chamanes modernos.

En el período de la sociedad tribal o de alianza de tribus anterior a la formación de un estado propiamente dicho, la sociedad fue teocrática. Esto significa que las jefaturas política y religiosa estaban en manos de una sola persona, es decir, que el cacique era a la vez el hechicero o chamán de la comunidad.

Existen varias pruebas que abonan esta suposición. Por ejemplo, se sostiene que el nombre de Dangun, el personaje mítico que fundó la nación coreana, no sería un sustantivo propio sino un sustantivo común que derivaría de *tengri*, que es como se llama en los pueblos de origen noraltaico a los chamanes que aúnan en su persona la jefatura política y religiosa.

Otra prueba más contundente es el nombre de Namhae Chachaung (¿? - 24

d. C.), que fue el segundo rey de Silla. Según algunos especialistas, tanto *chachaung* como *jachung* son vocablos dialectales que significan "chamán", lo que probaría que Namhae Chachaung fue rey al mismo tiempo que sumo sacerdote de su pueblo.

Por otra parte, está ampliamente aceptado en el ámbito académico que el actual término coreano *jung* con el que se designa a los monjes budistas proviene de *jachung*. Esto se debe a que durante la introducción del budismo en Corea, la gente vio a los monjes como chamanes que venían de otro país.

Por último, la condición teocrática de los gobernantes explica la costumbre que existía en el reino de Buyeo[2] de condenar a muerte al rey cuando se arruinaban las cosechas y el pueblo pasaba hambre. Era el castigo que recibía el monarca por no haber sabido interceder debidamente con el cielo.

Posteriormente, cuando se asentó el sistema estatal y se fortaleció el poder real, el poder religioso se separó del político y el chamán quedó subordinado al poder real, ocupándose solamente de la función sacerdotal. Con el transcurrir del tiempo, llegaron los monjes budistas y los estadistas confucianistas del exterior y se apropiaron de las funciones religiosas, pero el chamán o *mudang* siguió siendo objeto de respeto y teniendo funciones que le eran propias.

En textos históricos como la *Historia de los Tres Reinos (Samguk sagi)*, el chamán aparece como un consejero y adivino del rey que interpreta los fenómenos naturales o sobrenaturales, como médico brujo que cura las enfermedades que afectan a los miembros de la realeza y como sacerdote que oficia ceremonias religiosas como el rito para atraer la lluvia.

---

2) Fue un reino coreano que existió antes del período de los Tres Reinos. Nació en el siglo II a. de C. a orillas del río Sanggari, al noreste de Manchuria. De este reino se derivan los reinos de Goguryeo y Baekje de la península coreana.

Algunos estudiosos entienden que también se evidencia la influencia del chamanismo en el Hwarangdo, una institución que agrupaba a jóvenes de élite del reino de Silla para brindarles una educación integral tanto en los aspectos espirituales e intelectuales como físicos y marciales. La relación entre el Hwarangdo y el chamanismo la encuentran en el hecho de que los jóvenes miembros de esta institución eran muy afectos a la danza y a la música, entendiendo a estas actividades no como expresiones de entretenimiento o placer sino como expresiones religiosas. Sostienen que los jóvenes *hwarang* creían que la danza y la música tenían el poder mágico de conmover a los dioses, lo cual se asemeja sobremanera a la actividad chamánica de ofrendarles música y danza a las divinidades con el fin de ganarse su complacencia y recibir sus revelaciones. La prueba de esta relación entre el chamanismo y el Hwarangdo sería que los maridos de las chamanas que interpretan danza y la música en los ritos chamánicos son llamados aún hoy con el nombre *hwarang* o *hwaraeng*.

El chamanismo en el período Goryeo

El carácter chamánico que tuvo la música y la danza en la agrupación de jóvenes de élite Hwarangdo se manifestó de igual modo en el rito Palgwanhoe de la dinastía Goryeo (918-1392). El Palgwanhoe era una ceremonia budista de carácter estatal en la que los creyentes vivían como monjes durante un día completo respetando los ocho votos budistas. Sin embargo, esta ceremonia, que era piadosa y solemne en su concepción, se transformó muy pronto en una fiesta en la que estaban presentes el alcohol, la música y la danza. Esto se debió a que el Palgwanhoe adoptó la forma del antiguo rito chamánico Jecheon que se ofrecía a las divinidades celestiales en el período de las cosechas. No extraña que el Palgwanhoe haya recibido una influencia chamánica tan intensa, puesto que el Palgwanhoe era oficiado por un chamán proveniente de la clase alta.

Durante el período Goryeo, el chamanismo ejerció un papel relevante no solo entre la clase alta sino también en las clases populares. En muchos escritos de intelectuales de la época aparecen comentarios negativos que critican el aspecto excesivamente comercial del chamanismo de entonces. Sin embargo, a fines del período Goryeo, al crecer el influjo del neoconfucianismo, el chamanismo entró en un largo y oscuro período de persecución y opresión. A fines de este período se promulgó un decreto que obligaba a los chamanes a marcharse de la capital, pero el verdadero hostigamiento comenzó en el período Joseon (1392-1910), cuando el neoconfucianismo fue adoptado como ideología de Estado.

El confucianismo se caracteriza por su confianza en el raciocinio humano, pero el neoconfucianismo le concedió todavía más valor a la razón y la racionalidad. Desde la perspectiva de esta doctrina, el chamanismo era una superstición disoluta y maléfica que fomentaba los bajos instintos del ser humano, por lo que merecía ser aniquilado lo antes posible.

El chamanismo en el período Joseon y en la actualidad

La política que aplicó la dinastía Joseon hacia el chamanismo fue dual, aunque en grandes líneas fue una política de opresión. El cambio más notable fue que se rebajó drásticamente la posición social del chamán. Este, que había sido también jefe político en la época tribal, fue igualado en el período Joseon a la escala más baja de los carniceros y esclavos. Al mismo tiempo se promulgaron leyes prohibiendo los ritos chamánicos, se les aplicó un impuesto a los chamanes y se los desterró lejos de los muros de la ciudad capital.

Sin embargo, la dinastía Joseon no solo desplegó una política represiva sobre el chamanismo sino que también utilizó en su beneficio esta creencia tradicional. Por ejemplo, era un chamán el que cumplía las funciones sacerdotales del Seongsucheong, un organismo oficial que tenía la función de rezarles a las estrellas y divinidades celestiales por la larga vida de los miembros de la realeza. Todavía más corriente era el hecho de que hubiera chamanes en los Hwarinwon o centros de salud, donde se ocupaban de curar a los enfermos contagiosos. Si cumplían bien su tarea, se les descontaba el impuesto que debían pagar o se los eximía de las labores forzadas. Al parecer, no se atrevieron a prescindir de estas personas que se comunicaban con las divinidades para luchar contra las epidemias, para las cuales la medicina de entonces estaba en una situación de total indefensión.

En oposición a la nobleza que condenaba el chamanismo, la realeza, y en particular, las mujeres de la familia real, siguieron creyendo firmemente en los chamanes. Un ejemplo notable es la emperatriz Myeongseong (1851-1895), quien no solo era muy afecta a los ritos chamánicos sino que tenía entre las personas más allegadas a varios chamanes que llegaron a gozar de un gran poder. En líneas generales, esto se aplica a todas las mujeres de la dinastía Joseon, pues desplazadas por la sociedad confucianista masculina y no pudiendo encontrar consuelo en el confucianismo que era especialmente débil en el aspecto religioso, las mujeres se refugiaron en el chamanismo y en el budismo.

Gracias a este continuo apoyo de la porción femenina de la población, el chamanismo coreano ha demostrado tener una capacidad de supervivencia que le permitió soportar todos los embates de la historia. Esta característica le sirvió para sobrevivir a la política opresiva del período Joseon, a la represión cultural de la dominación japonesa y a la arrolladora introducción del cientificismo occidental y del cristianismo en los años posteriores a la

Munyeo sinmu del pintor Shin Yunbok del período Joseon (1758 -¿?). Representa a una chamana ejecutando un rito chamánico. Obsérvese a la mujer del centro que reza fervorosamente frotando las palmas.

emancipación de 1945.

En la Tercera República (1963-1972) se llevó a cabo una campaña de destierro de la superstición con el objeto de modernizar el país, lo que hizo desaparecer muchas casas rituales o *gutdang*, pero los chamanes se agruparon en una organización con el fin de proteger sus derechos e intereses. Sin embargo, al crecer el interés en las expresiones culturales autóctonas del país, no solo aumentó el número de chamanes sino también su nivel educativo y se volvieron a levantar muchos *gutdang*. Incluso algunos chamanes han recibido el título de Patrimonio Cultural Humano de Corea y otros han publicado libros que se han convertido en *best-sellers*. Si se tiene en cuenta todo esto, por mucho que se incrementen las iglesias

Fotografía de un rito chamánico
tomada presumiblemente durante el período de la dominación japonesa

cristianas y los templos budistas y por mucho que el ciudadano medio opine que el chamanismo es una superstición, se puede concluir que el chamanismo es una creencia que probablemente acompañará por siempre al pueblo coreano.

1.4. El *mudang*, el protagonista del chamanismo

La enfermedad chamánica y el *nerimgut*

El chamán *mudang*, como se vio en el análisis del ideograma 巫, es un ser sagrado que media entre el cielo y la tierra, por lo que su función no puede ser ejercida por cualquier persona. Los seres humanos corrientes que pertenecen al ámbito terrenal no pueden comunicarse con las divinidades y espíritus del ámbito celestial. Para que esto sea posible, la persona debe morir como ser terrenal y renacer como ser sagrado. Este proceso se cumple a través de un rito de paso que se conoce como la enfermedad chamánica, que es una crisis iniciática que sufren todos aquellos que se convierten en *mudang*.

La enfermedad chamánica es muy diferente de las enfermedades corrientes. No tiene una causa determinada y el grado de sufrimiento que conlleva es mucho más intenso y largo que el de una enfermedad normal. Los síntomas pueden ser muy diversos: dolor y retorcimiento de brazos y piernas, sed intensa, repulsión a la carne y a las relaciones sexuales, ataques convulsivos, alucinaciones visuales y auditivas, expulsión de materia fecal sanguinolenta, sueños revelatorios, encuentros con espíritus, etc. Lo característico es que estos síntomas no se mitigan ni se curan con los tratamientos médicos ni con el paso del tiempo.

Si después de mucho sufrimiento, los familiares llevan a la persona afectada a un chamán como último recurso, este puede dictaminar que la persona en cuestión ha sido elegida por una divinidad y lo conminará a pasar por el *nerimgut*, el rito iniciático para aceptar a la divinidad y convertirse en *mudang*. Sin embargo, si la persona afectada se niega a aceptar al espíritu que busca poseerlo, el espíritu puede castigarlo con el maleficio *indari*, que consiste en provocar la muerte de los seres más allegados.

El chamán es una persona que ha nacido con el deber de consolar las penas de la gente, por lo que debe estar adiestrada para soportar aflicciones y dolores de todo tipo. La enfermedad chamánica es, pues, el padecimiento condensado de todas las tristezas y tormentos que puede pasar una persona a lo largo de la vida para renacer como un ser capaz de compartir y padecer sobre sí los sufrimientos de los demás. Lo extraño es que por muy terribles que sean los síntomas de la enfermedad chamánica, cuando se llega al punto

Chamana coreana o mudang. Obsérvense las pinturas de las divinidades al fondo.

culminante del *nerimgut* y el espíritu ha tomado posesión del cuerpo y comienza a hablar por boca del flamante *mudang*, los dolores desaparecen de inmediato.

Los deberes religiosos del *mudang*

Todo lo dicho no es más que el comienzo. El *nerimgut* es solo la comprobación de que el chamán posee las condiciones espirituales para su función. A partir de ahora el chamán debe aprender a expresar la experiencia religiosa bajo las formas debidas. El chamán que ha presidido su *nerimgut* se convierte en su nueva madre o padre, la persona que le enseñará todo lo relacionado con su nueva condición: las danzas que corresponden a cada una de las partes de un rito chamánico, los trajes que debe usar, los cantos e instrumentos que debe tocar, la lectura de la suerte, qué poner o quitar de la mesa de ofrendas de acuerdo al tipo de rito, etc. Como en toda religión, el proceso de convertirse en un sacerdote es largo y está plagado de dificultades.

Los chamanes deben vivir el resto de su vida sirviendo al espíritu o la divinidad que lo ha poseído. Normalmente le levantan un altar o *sindang* en una habitación de su vivienda y rezan ante su imagen todas las mañanas, en particular el primer día de cada mes y de cada quincena, y en todas las ocasiones que haga falta pedir su protección y ayuda.

Además de su relación con los espíritus que es propio de su condición de mediador entre el cielo y la tierra, el chamán tiene también que ocuparse de los asuntos terrenales. Un chamán no existe para sí sino para servir a los seres humanos que lo rodean. Los primeros creyentes son normalmente aquellos que presenciaron su *nerimgut*.

El servicio más corriente que ofrece un chamán es el *mukkuri*, que es la lectura de la fortuna. Los *mudang* ofrecen soluciones inmediatas para las preocupaciones y los problemas personales, como pueden ser la mala marcha de los negocios del marido, el deseo de que el hijo apruebe el

Altar chamanista o sindang. Obsérvese el espejo de latón en el centro en el que se reflejan las deidades

examen de ingreso a la universidad o el anhelo de concebir a toda costa un hijo varón, que son asuntos sobre los que no se puede obtener una respuesta satisfactoria cuando se consulta a los sacerdotes de las religiones convencionales. Es por esta razón que la mayoría de los coreanos, sea cual sea su religión, busca a un *mudang* cuando se enfrenta a un problema que necesita de resolución urgente.

Cuando el cliente o creyente viene a consultarlo, el *mudang* le pregunta el nombre y la fecha y la hora de nacimiento y a continuación solicita la ayuda de los espíritus. Para leer la suerte, los chamanes suelen utilizar monedas antiguas o arroz. Arrojan las monedas o el arroz sobre la mesa y leen la suerte observando el modo en el que han caído. La mayoría de las veces basta con comunicarle al cliente lo que le depara la fortuna, pero a veces hay que contrarrestar una energía negativa a través de un talismán o *bujeok*. El talismán puede ser un dibujo o pintura tradicional y otras veces la

Consultorio de una mudang

reagrupación de las partes de un ideograma chino. Según los psicoanalistas, los talismanes contienen símbolos de muerte y renacimiento y poseen una fuerte naturaleza religiosa, por lo que llevar consigo un talismán no es un mero acto supersticioso. Existen talismanes de muchos tipos diferentes, como los que curan o previenen las enfermedades, los que permiten superar los tres años de infortunio que se producen cada nueve años en la vida de una persona, los que alejan las desgracias e incluso los que permiten librarse de la amante del marido.

Sin embargo, si la desgracia o infortunio que sufre el creyente es más serio, el chamán puede prescribir un *chiseong*, que es un rito chamánico simplificado e informal que no necesita ser realizado necesariamente en una casa ritual o *gutdang*. Existen muchos tipos de *chiseong*, pero los más conocidos son el *pudakkeori*, que es un rito para curar enfermedades, y el *salpuri*, que sirve para alejar las desgracias nacidas de las malas relaciones humanas.

Pero si la situación es tan grave que no se puede superar con un *chiseong* debido a que, por ejemplo, el espíritu de un antepasado está sumamente

Talismán o bujeok

Chamana danzando en un gut

enfadado o hay un alma en pena en la familia por haber sufrido una muerte injusta, entonces el *mudang* determina la celebración de un rito chamánico o *gut*. El *gut* consiste en convocar a los espíritus airados para calmar y consolar sus penas y resentimientos ofrendándoles alimentos, cantos y danzas con el fin de hacer desaparecer la desgracia o el maleficio que han proyectado sobre los vivos. Para el chamanismo, la vida de los seres humanos está enteramente sujeta a las divinidades y los espíritus, por lo que todas las dificultades humanas se solucionan calmando la furia, el rencor y las penas de estos seres ultraterrenos. Como sea, el *gut* no se realiza en cualquier momento sino solo en los casos muy graves.

Los tipos de chamanes

Naturalmente es indiferente el sexo para llegar a ser un chamán o *mudang*, pero en Corea el número de *mudang* mujeres supera ampliamente a los *mudang* varones, quienes reciben el nombre de *baksu*.

A grandes rasgos existen dos tipos de chamanes: los que llegan a ser tales tras haber sufrido la enfermedad chamánica y los que heredan su condición de sus antecesores. Estos últimos demuestran tener un mejor talento artístico en la ejecución de los cantos y las danzas, pero se considera como auténticos *mudang* a los que han pasado la crisis iniciática.

1.5. El *gut* o rito chamánico

El objeto de todo rito chamánico o *gut* es atraer la buena fortuna y alejar las desgracias. Sin embargo, los tipos de *gut* no solo son innumerables sino que su contenido varía mucho de acuerdo al chamán o a la región en donde se realiza, por lo que es muy difícil hacer una clasificación sistemática.

Desde la perspectiva chamánica, los asuntos humanos no dependen del esfuerzo personal sino de la voluntad de las divinidades y los espíritus, de modo que lo importante y necesario es conmoverlos, ya sea para atraer la suerte o alejar los infortunios. En consecuencia, se invierten grandes sumas de dinero en la celebración de los ritos chamánicos para influir en la voluntad de las divinidades y los espíritus.

La casa ritual

Los ritos chamánicos se realizan normalmente en una casa ritual o *gutdang*. Los *gutdang* más importantes de Seúl son el Guksadang que está en el monte Inwangsan y el Sasindang que está en Gupabal, pero ninguno de ellos conserva el esplendor de antaño.

El Guksadang estaba originalmente en la cima del monte Namsan, junto al

Árbol sagrado con altar

cenador Palgakjeong. Sin embargo, cuando durante el período de la dominación nipona los japoneses levantaron el principal templo sintoísta de Joseon en el predio del actual Jardín Botánico que se encuentra en la ladera oeste del monte Namsan, consideraron que era irrespetuoso que el Guksadang estuviera en una posición más elevada que su templo y obligaron su traslado al monte Inwangsan. En la actualidad hay solamente una losa levantada junto al cenador Palgakjeong que recuerda que en ese sitio estaba el Guksadang, que era el altar dedicado a Mokmyeok, la divinidad protectora del monte Namsan.

El elemento más llamativo de un *gutdang* se encuentra en el patio y es el árbol sagrado o cósmico, que es el eje que comunica el cielo y la tierra. En el recinto donde se realiza el rito chamánico cuelgan las pinturas que representan a las divinidades y encima de estos cuadros se puede ver un espejo de latón o bronce llamado *myeongdo*, que se cree que refleja el alma de las divinidades.

Los utensilios presentes en un *gut*

El rito chamánico o *gut* es generalmente llevado a cabo por tres chamanes o *mudang*. Uno de ellos es el oficiante principal y los otros dos cumplen el papel de ayudantes. También suelen estar presentes los músicos que ejecutan la música chamánica que acompaña los cantos del *mudang*.

Los instrumentos musicales más utilizados son el piri o flauta, el *jeotdae* o flauta traversa de bambú, el *haegeum* o violín de dos cuerdas, el *jing* o gong, el *jabara* o platillos y el *janggu* o tambor con forma de reloj de arena, entre otros. De todos estos son infaltables los dos últimos. El *jabara* es muy semejante a los címbalos o platillos occidentales y, como su sonido es tan estrepitoso que se escucha desde lejos, es el instrumento más representativo de un *gut*. Cuando solo se usan el *jabara* y el *janggu*, no es necesario contratar a los músicos, pues pueden ser tocados por el propio *mudang* o las personas relacionadas con el *gutdang*.

Se aprecian algunos de los instrumentos que se utilizan en un gut.
Se ve el janggu en primer plano a la izquierda y el jing o gong al fondo y a la izquierda.

Para llegar a ser un buen *mudang* es preciso proveerse de los utensilios necesarios. Entre ellos el espejo o *myeongdo*, que representa el alma de la divinidad, es uno de los más importantes en un *gut*. Los espejos están hechos de latón, son redondos, tienen un diámetro aproximado de 20 cm y son cóncavos en el centro. Se supone que tienen su origen en los espejos sagrados que ostentaban los jefes a la vez que hechiceros de la tribu en la Era de Bronce.

Otro objeto sagrado que se ha transmitido desde el período tribal son los cascabeles de bronce, que los *mudang* utilizan en especial cuando leen la suerte. Agitando estos cascabeles el *mudang* llama a los espíritus o a las divinidades para solicitarles ayuda.

Entre los utensilios que manejan los *mudang* figuran varias armas, como el tridente o *samjichang* y la lanza con filo curvo o *woldo*, los cuales sirven para alejar a los malos espíritus.

El tridente se utiliza en especial para comprobar si el rito chamánico ha sido preparado debidamente. La prueba consiste en clavar el tridente con los dientes hacia arriba en un recipiente lleno de granos de arroz y clavar en las puntas la cabeza o el costillar de un cerdo o bien el animal entero. Si el

Cascabel

Tridentes y lanzas de filo curvo

tridente no se cae, significa que el *gut* se ha preparado con el celo debido.

Otro instrumento especialmente llamativo es un cuchillo de filo grande y rectangular que se llama *jakdu*. Uno de los momentos culminantes de un *gut* es cuando el *mudang* se sube descalzo sobre el cortante filo de esta arma y se pone a danzar o a transmitir la palabra de los espíritus. Lo lógico sería que el *mudang* se cortara las plantas de los pies, pero inexplicablemente siempre sale indemne de esta experiencia. Sin embargo, no todos los *mudang* ejecutan esta proeza sino solamente aquellos que sirven a la

Cerdo que se clava sobre un tridente para comprobar que las divinidades están conformes con el gut

Mudang danzando sobre cuchillos

divinidad que mora en estos cuchillos.

Otro utensilio que vale la pena mencionar es el *obangsinjanggi*, banderines con los cinco colores de las direcciones cardinales, que son el negro (verde a veces, que representa al norte), azul (este), blanco (blanco), rojo (sur) y

Banderines que representan las cinco direcciones cardinales

amarillo (centro). El creyente que llega para solicitar el servicio de adivinación, elige un banderín y en base a él el *mudang* le lee la suerte.

Los ritos *jaesugut* y *ogugut*

Como dijimos más arriba, existen tantas clases de ritos chamánicos que es imposible nombrarlos a todos. Antiguamente había varios ritos chamánicos estatales que se celebraban por solicitud de la realeza, pero hoy se ha perdido todo rastro de ellos.

El jaesugut, el rito que se realiza para atraer la buena fortuna

Un rito que se sigue celebrando regularmente cada cierto número de años es el *yongsingut*, que se realiza en los pueblos costeros con el fin de pedir una pesca abundante. El más corriente de todos es sin duda alguna el *jaesugut*, conocido también como *cheonsingut*. El *jaesugut* se realiza periódicamente con el fin de asegurar la salud y la buena fortuna de una familia, pero también puede llevarse a cabo para solucionar un problema concreto, por lo que es el rito chamánico que se celebra más frecuentemente.

Como todo rito chamánico, está conformado por distintas partes o *geori*, que equivalen a los actos en los que se divide una obra teatral. El número y el orden de estas partes difieren mucho según las regiones y los chamanes que los ejecutan, pero en general están compuestos de doce *geori*. Estas partes tienen por objeto alejar a las divinidades contrarias y a los espíritus nocivos, homenajear a un chamán fallecido, reverenciar a las divinidades de la montaña que se veneran en la comarca, a las divinidades relacionadas con el budismo, a los antepasados del fiel que ha solicitado el *gut*, a la divinidad de la viruela, a la divinidad de los juegos, a la divinidad de la riqueza, al espíritu de un antiguo general, etc.

Sin embargo, algo en común que tienen todos los *jaesugut* es la última parte, en donde se convoca y se alimenta a todos los espíritus y divinidades que se repelieron en el transcurso de este rito. En este acto de brindar consuelo a los espíritus y divinidades inferiores y marginales, se refleja muy bien el objetivo último de todo *gut*, que es restablecer la armonía que debe existir entre los mundos terrenal y celestial.

El *ogugut*, que recibe muy diferentes nombres según las regiones, es un ritual que se realiza con el fin de aplacar y consolar las almas de los muertos y ayudarlas a que lleguen seguras al otro mundo. El chamanismo es una religión que privilegia este mundo por sobre el más allá, por lo que cree que las almas de los fallecidos no se resignan fácilmente a dejar el mundo terrenal. En particular, aquellos que han sufrido una muerte injusta o han muerto sin poder satisfacer algún fuerte anhelo son todavía más renuentes a partir. El *mudang* entonces convoca a esta alma, escucha, transmite y resuelve la pena que le impide marcharse, al mismo tiempo que le proporciona la ocasión de despedirse debidamente de los seres queridos.

El chamanismo, así como otras creencias populares de Corea, considera que el paso que media entre la muerte y la llegada del alma hasta el otro mundo es sumamente difícil y peligroso. Se cree que en este proceso, los espíritus pueden llegar perjudicar o provocar daño a los vivos debido al fuerte apego de las almas a este mundo. Si son espíritus de personas que han muerto en tierra extraña o sin llegar a casarse, estas probabilidades aumentan considerablemente. El *ogugut* es, pues, un rito de pasaje que tiene por objeto consolar y guiar a las almas a su última morada. Recién cuando estas almas se han instalado seguras en el otro mundo, se convierten en los

Chamán ejecutando un ogugut. Obsérvese que el chamán está vestido de blanco, que es el color del luto en Corea.

espíritus benefactores de los antepasados que se reverencian en los hogares coreanos.

La historia de la princesa Baridegi

El *ogugut* tiene contenidos semejantes a los de los otros ritos chamánicos, pero tiene un componente que lo caracteriza: la historia de la princesa Baridegi. Conocida también como Bari, Baridegi es la reina de todas las divinidades y espíritus y es la fundadora del linaje de los chamanes o *mudang*. Durante el *ogogut*, el *mudang* se viste de princesa y canta a lo largo de varias horas la historia de Baridegi tocando el tambor *janggu* con una mano y agitando los cascabeles con la otra. La historia se puede resumir del siguiente modo:

Había una vez un rey que anhelaba tener un hijo varón, pero solamente había podido tener hijas. Al comprobar que su séptimo vástago era también una niña, ordenó que fuera abandonada. Su nombre era Baridegi. Pasaron diez años y la reina enfermó gravemente. Los adivinos predijeron que moriría si no bebía el agua de la fuente que manaba en el otro mundo. El rey les pidió a sus seis hijas que trajeran esa agua para su madre, pero ninguna se atrevió a viajar al reino de la muerte. La noticia de la gravedad de la reina llegó a oídos de Baridegi, quien se presentó ante sus padres y les prometió traer el agua salvadora. Durante el viaje al otro mundo, la princesa sufrió toda clase de vicisitudes, pero logró llegar sana y salva gracias a la ayuda de Buda y los bodisatvas. No obstante, el cancerbero de la puerta que comunicaba con el otro mundo, le impuso a Baridegi la condición de que le diera siete hijos varones si quería obtener el agua salvadora. Al cabo de siete años, después de cumplir lo pactado, Baridegi le pidió al cancerbero que le permitiera acceder al agua prometida. Entonces su marido y guardián de la puerta le respondió que el agua que ella había sacado del pozo diariamente durante todos esos años no era otra que el agua salvadora. Con el agua del otro mundo en su poder, Baridegi retornó al palacio real con su marido y sus siete hijos. Al llegar a las inmediaciones, se encontró con la procesión fúnebre del rey y la reina que acababan de morir. Desesperada, probó echar un poco del agua medicinal en las bocas de sus padres y estos volvieron a la vida milagrosamente. Agradecidos, sus padres le ofrecieron a Baridegi la mitad del reino, pero ella rechazó el regalo y se convirtió en chamana y en la reina de los diez mil espíritus y divinidades. Su marido y sus hijos, en cambio, se convirtieron en montañas.

La historia de la princesa Baridegi refleja la visión de la muerte que tienen los coreanos y también muchos aspectos del chamanismo de este país. La

Pintura representando a la princesa Baridegi

estructura de la historia es la misma que tienen las leyendas y los mitos de héroes: aunque nacido de noble linaje, el protagonista pierde su condición por diversas razones y después de pasar por toda clase de sufrimientos y superar grandes dificultades, recupera la posición y el esplendor que le corresponde. En la historia de la Baridegi, esta estructura básica ha sido revestida con ropajes propios de la cultura y la religión coreanas.

La historia manifiesta que los *mudang* son los herederos de un linaje heroico y que convertirse en un chamán es un proceso penoso y difícil. Al mismo tiempo, la historia muestra que los chamanes son seres que poseen las mejores virtudes humanas, como se puede ver en el profundo amor filial que demuestra Baridegi hacia sus padres y en la lealtad y la paciencia que dedica hacia su marido, el cancerbero, cumpliendo su palabra hasta el final. Sobre todo, demuestra que los chamanes son seres con poderes excepcionales, pues no solo pueden ir y volver del otro mundo sino también hacer revivir a los muertos. En otras palabras, solo una persona con semejantes poderes sobrenaturales puede oficiar el *ogugut* y ayudar a conducir a las almas a su morada final.

Cantando la historia de Baridegi, el *mudang* se encomienda a la princesa y le pide que guíe al espíritu del fallecido al otro mundo. Terminado el canto, el *mudang* comunica a los deudos que la princesa Baridegi se encargará de conducir y proteger el alma del muerto durante su viaje a la morada final. Recién entonces los familiares pueden respirar aliviados. De este modo, el *ogugut* aplaca el miedo a la muerte y alivia el dolor y la desolación de los deudos tras la partida de un ser querido. En este sentido, es un ritual con un fuerte carácter religioso.

La historia de Baridegi permite sacar muchas más conclusiones. El hecho de que el antepasado primordial de los chamanes sea una mujer refleja el importante papel que cumple el género femenino en el chamanismo coreano. Sin embargo, el hecho de que los siete hijos varones de Baridegi sean favorecidos con un mejor tratamiento que las siete princesas muestra que la discriminación genérica campea también en el chamanismo.

Hacia el final del *ogugut* se realiza el llamado "corte de tela" o *be gareugi*, que es un acto que solo se puede ver en este rito. Se sostiene un largo lienzo de tela blanca de ambos extremos y se hace avanzar de un cabo al otro una caja que contiene un papel que representa al fallecido, mostrando de este modo simbólico a la vez que visual la manera en la que el alma del difunto parte hacia el otro mundo. Otras veces es el propio chamán el que avanza rasgando la tela, expresando de modo simbólico la separación definitiva del alma del difunto con este mundo.

El corte de tela que simboliza el corte de lazos con este mundo

El *ogugut* suele finalizar con la danza de la mariposa, que es sumamente atractiva por la belleza de sus movimientos y la riqueza simbólica que contiene. Por ser un insecto que se encierra en un capullo para renacer transformado en una forma totalmente diferente, la mariposa simboliza en el chamanismo coreano, así como en otras muchas religiones, al alma que ha resucitado y ha vencido a la muerte.

El desarrollo del rito chamánico

Hasta ahora hemos visto los aspectos más sobresalientes de dos ritos chamánicos que se realizan muy frecuentemente, pero en este apartado veremos cómo se desarrolla a grandes rasgos cada una las partes o *geori* de que están compuestos estos *gut*.

El primer paso consiste en llamar al espíritu o divinidad que preside la parte o *geori* en cuestión. La invocación se realiza a través del canto y la danza, que tienen por fin complacer a la divinidad. La danza es simple, pues consiste en saltar con los dos pies juntos. Si bien no requiere de ninguna técnica, es una danza sumamente extenuante ya que los saltos llegan a ser muy fuertes.

La esencia de la danza chamánica está precisamente en estos dos rasgos de simpleza e intensidad. Desde antiguo el hombre se ha valido de la repetición de actos sumamente simples para alcanzar el estado de conciencia alterada que caracteriza al éxtasis religioso, como son la pronunciación repetida de palabras o la reiteración de gestos corporales muy sencillos. El *mudang* debe alcanzar ese estado de alteración de la conciencia para que descienda sobre él el espíritu o la divinidad invocada.

Cuando se ha producido por fin la posesión, el *mudang* comienza a transmitir a través de su boca las palabras de la divinidad a los creyentes.

Este proceso que tiene el nombre de *gongsu* se desarrolla bajo la forma de un diálogo. En general, el espíritu o la divinidad reprende a los fieles diciéndoles que han tardado demasiado en hacer el *gut* o que la preparación del rito demuestra falta de dedicación. Los fieles responden pidiendo perdón y frotando todo el tiempo las manos en señal de sumisión. A continuación le ruegan a la divinidad que les cumpla el deseo que los ha llevado a celebrar el *gut*. La divinidad responde a esto pidiendo más dinero a manera de incentivo. Cuando los fieles satisfacen esta exigencia monetaria, la divinidad responde finalmente que si bien no se sintió complacido al principio, se ha conmovido por la buena disposición de los fieles y los premiará cumpliéndoles el ruego. Después de estas palabras alentadoras, la divinidad se desprende del cuerpo del *mudang* y esta lo despide cantando y bailando nuevamente.

Los *gut* están compuestos de doce a dieciocho partes, por lo que la celebración de un rito completo requiere de muchas horas. Antes los *gut* comenzaban con la caída del sol y se realizaban a lo largo de toda la noche hasta entrada la mañana. Por su parte, los *gut* más importantes, como el *nerimgut* para convertirse en *mudang*, pueden durar días enteros, pero en la actualidad, para conveniencia y comodidad de todo el mundo, casi no se celebran de noche sino que comienzan a la mañana y terminan hacia las cuatro o cinco de la tarde. Como es fácil de imaginar, hoy en día es muy difícil ver un *gut* que siga todas las formalidades de antaño.

1.6. Las divinidades

Los chamanes de la isla de Jeju afirman que existen más de 18.000 divinidades y espíritus. Aunque parezca una cifra exagerada, lo cierto es que son incontables, sobre todo porque siempre está abierta la posibilidad de que los chamanes adopten a nuevos espíritus.

A grandes rasgos, las divinidades se dividen en cuatro categorías: las celestiales, las terrestres, las humanas y los demonios o espíritus malignos. Las divinidades celestiales y terrestres constituyen el 60% del total e incluyen a la divinidades relacionadas con los astros y con elementos de la naturaleza, como son las montañas y los ríos y los fenómenos naturales que se derivan de ellos.

El grueso de las divinidades humanas está constituido por los espíritus de los antepasados. Estos se dividen a su vez en dos clases: los que fallecieron de manera natural y los que tuvieron una muerte problemática y guardan por tanto alguna pena o rencor. Estos espíritus son personales, puesto que son antepasados de alguien en particular, por lo que en el fondo no son divinidades propiamente dichas sino simplemente espíritus de personas fallecidas.

Entre las divinidades humanas se encuentran los espíritus de los generales que tuvieron una vida heroica pero murieron de modo trágico y miserable. El más conocido es el espíritu del general Choe Yeong, que defendió al reino de Goryeo del ataque de los piratas japoneses, pero fue cruel e injustamente ejecutado por Yi Seonggye, el fundador de la dinastía Joseon. Su desgraciado final conmovió profundamente el sentimiento popular, motivando que fuera incorporado al panteón de las divinidades chamánicas. En esta categoría entran también los espíritus de algunos gobernantes y políticos, entre los cuales encontramos a los fundadores de las dinastías y a varios reyes que tuvieron un final trágico, como Yeonsangun y Gwanghaegun.

También se incluyen en esta categoría de divinidades humanas numerosos personajes importados de otras religiones, en particular del taoísmo, como Gwanu, un legendario general de origen chino que vivió a fines del siglo II.

General Choe Yeong del período Goryeo

Del budismo son objetos de veneración chamánica el propio Buda y Jeseok. Este último es la divinidad de las cosechas y deriva del dios Indra de la India.

Otras divinidades humanas no son personajes históricos sino hechos o fenómenos históricos que fueron humanizados, como Hogu Byeolseong que es la divinidad de la viruela y la protectora de las vírgenes que fueron raptadas por los mongoles cuando invadieron la península coreana en el siglo XIII. Son divinidades nacidas de experiencias dolorosas que llevaron al pueblo a buscar consuelo en el chamanismo. En esta categoría también entran Daegamsin, la codiciosa divinidad a la que se le dedica la mesa llena de ofrendas de comidas y dinero, y la princesa Baridegi, la antecesora de todos los chamanes.

La última categoría de las divinidades está constituida por los demonios, es decir, espíritus de baja estofa que no benefician a los seres humanos e incluso son malignos en su mayoría. Suelen habitar en objetos dañados o

Hogu Byeolseong

ensangrentados o provienen de formas de vida inferiores como árboles y animales.

Si comparamos todas estas deidades y espíritus del chamanismo con las divinidades de otras religiones, su rasgo más notable es que no pueden ser definidas tajantemente como buenas o malas. En el chamanismo, lo importante en la relación con la divinidad no es la naturaleza de la divinidad sino que esta sea tratada debidamente. Por ejemplo, Hogu no es una deidad bienhechora, puesto que provoca las epidemias de viruela, pero de todos modos hay que conformarla con las debidas ofrendas, puesto que de lo contrario puede tornarse muy perjudicial. Dicho de otro modo, los creyentes reverencian a las divinidades con una actitud práctica y calculadora, cuyo objeto no es sino obtener un propio provecho.

Por otra parte, las divinidades no son seres éticamente superiores a los seres humanos sino que su naturaleza se asemeja mucho a la humana. Por ejemplo, la codicia de Daegamsin es igual o incluso más insaciable que la de los hombres. Esto se ve perfectamente en el transcurso de un rito chamánico, en el que el chamán transmite las exigencias de mayores retribuciones monetarias que realizan repetidas veces las divinidades y los espíritus antes de conceder los deseos.

Este fenómeno no se detecta solo en el chamanismo sino en todas las religiones primitivas. En las creencias de las sociedades tribales, los dioses no señalan elevados ideales éticos ni piden sacrificios o servicios de tipo moral sino que exigen el cumplimiento incondicional de tabúes aparentemente incomprensibles o reclaman ofrendas materiales para no volverse en contra de los hombres. El chamanismo se puede definir, pues, como una religión que se encuentra en un estadio anterior al de las grandes religiones éticas como el budismo, el islamismo o el cristianismo, que predican que lo material y lo terrenal son aspectos que deben superarse.

Otro rasgo que merece la pena mencionarse acerca de las divinidades chamánicas es que no parece haber ninguna relación entre ellas. Cada una se ocupa del ámbito de influencia que le es propio, sin inmiscuirse en el de las demás. Por esta razón, aunque un demonio maligno ataque y perjudique a los seres humanos, ninguna otra divinidad intercede para evitarlo.

2. El chamanismo y las otras religiones

2.1. El confucianismo y el chamanismo

El chamanismo fue prohibido y reprimido durante los 500 años que el confucianismo fue la ideología estatal de la dinastía Joseon. Los ministros elevaron constantes peticiones al rey para proscribir esta religión popular, lo cual indica, visto del revés, que el chamanismo prosperó a pesar de todas las persecuciones.

En términos generales, las prácticas religiosas del período Joseon reflejan la coexistencia del confucianismo, orientado hacia la población masculina, y el budismo y el chamanismo, orientados hacia la población femenina. Los políticos de este período hicieron un gran esfuerzo para imponer al pueblo el confucianismo como la ideología que controla todos los aspectos de la vida cotidiana, pero salvo la alta aristocracia, el resto de la población no pudo contentarse con solo esta doctrina.

Comparado con otras creencias, el confucianismo es particularmente débil como consuelo religioso, por lo que fue insuficiente para resolver y hacer frente a los muchos avatares que depara la vida, como son la muerte, las desgracias o simplemente los anhelos personales. No extraña que las mujeres, desplazadas del foco de la cultura confucianista, fueran más afectas al chamanismo y al budismo, que eran religiones que acogían mejor la sensibilidad femenina que el seco y frío confucianismo. En este sentido, se puede decir que las tres religiones del período Joseon no convivieron de manera enfrentada sino complementándose mutuamente.

El *jesa*, el *gosa* y el *gut*

La relación complementaria que existía entre el confucianismo y el chamanismo se manifiesta en muchos aspectos, en particular, cuando se comparan los ritos ceremoniales de ambas religiones. Empecemos comparando el *jesa*, el rito confucianista de veneración a los antepasados, y el *gosa*, el rito chamánico para pedir protección y buena fortuna. El oficiante del *jesa* era el cabeza de familia y participaban en la ceremonia solamente los miembros varones de la casa. Aunque eran las mujeres las que preparaban los platos que eran elevados a la mesa de ofrendas, ellas estaban

Solo participan los varones en los ritos confucianistas

completamente excluidas de la celebración del rito y no se les permitía acercarse siquiera al lugar de la ceremonia. Dicho de otro modo, solo los hombres tenían el derecho a oficiar y participar en las ceremonias religiosas, que representaban la máxima expresión del poder y la autoridad de un hogar.

Sin embargo, además del *jesa*, en los hogares se celebraba el *gosa*, que era un rito chamánico de menor importancia y era oficiado por la mujer de mayor autoridad en la casa. En el mes de octubre lunar, la señora de la casa realizaba una ofrenda de pastel de arroz a los espíritus tutelares del hogar. Estos eran Seongjusin, que gobernaba todo lo que ocurría en el hogar; Teojutdaegam, la divinidad del suelo de la casa; la Abuela Samsin, que otorgaba los hijos y moraba en la parte más interna y caliente de la habitación principal; y Jowangsin, la divinidad de la cocina, entre otros. El hecho de que fuera la señora de la casa quien tuviera el derecho de oficiar este rito chamánico doméstico, muestra que al menos en los asuntos del hogar, prevalecía la autoridad de las mujeres.

En efecto, en términos relativos, la mujer siempre ha ocupado un lugar

Mujer realizando un gosa a la divinidad del suelo de la casa

central en el chamanismo. Esto se trasluce también cuando se comparan el *jesa* y el *gut*. El *jesa* era un rito religioso netamente patriarcal en el que se veneraba únicamente a los antepasados de la familia del marido. En cambio, una mujer podía perfectamente dedicar un *gut* a sus padres fallecidos o a sus antepasados. En este sentido, se puede decir que el chamanismo funcionó en el período Joseon como una válvula de escape para las mujeres, que vivían constreñidas por el confucianismo en todos los aspectos.

Se puede apreciar más claramente el carácter complementario que tenían el *jesa* y el *gut*, si se ve el tema desde otro ángulo. Si en el *jesa* se conmemoraba únicamente a los antepasados de la familia del hombre de la casa y de estos solamente a los que habían muerto ya mayores, cabe preguntarse qué rito religioso consolaba a las personas cuando el fallecido no entraba en estas categorías. Antes de contestar esta pregunta, es preciso aclarar que en el confucianismo se consideraba como antepasado en toda regla a los espíritus de aquellos que habían muerto dejando hijos varones, después de llevar una vida relativamente normal y de haber hecho el tránsito al otro mundo de modo natural. ¿Qué pasaba entonces con las almas de los que morían prematuramente sin dejar descendientes o sufrían de una muerte desgraciada? Este espectro de muertes incumbía al chamanismo, puesto que todas las almas de los fallecidos podían ser objeto de los oficios rituales de esta religión. De este modo, el chamanismo brindaba consuelo no solo a los deudos sino también a las almas de los que habían muerto prematuramente o de los que habían muerto en tierra extraña. Yendo más lejos, cuanto más dolorosamente habían partido de este mundo, más veneradas eran, llegando incluso a convertirse en espíritus protectores de la comarca.

Otra razón que hacía más emotivos y consoladores los ritos fúnebres chamánicos era que los deudos podían dialogar con los fallecidos. Mientras que el *jesa* tiene el carácter de un mero homenaje, en el *ogugut* los vivos y los muertos pueden comunicarse y arreglar asuntos pendientes. Recordemos que era muy importante el adecuado corte de lazos y sentimientos para que el alma del difunto pudiera establecerse segura en el otro mundo.

Cabe también señalar la diferente calidad de los alimentos que se ofrendan en uno y otro rito. Como en el confucianismo se considera que las almas de los difuntos conservan sin grandes cambios las características que poseían mientras estaban vivos, se les ofrece básicamente arroz y sopa. Sin embargo, como en el chamanismo se cree que los seres se elevan a la categoría de divinidades cuando mueren, se les ofrenda pasteles de arroz, que se considera como una comida de mayor categoría.

El *gut* como liberación

Seguramente fue debido a este papel asistencial y complementario que tuvo el chamanismo que los confucianistas del período Joseon no tuvieron mayor éxito en eliminar esta religión. El ser humano no puede vivir basando su existencia únicamente en la razón y las normas. Si en la sociedad de Joseon solo hubiera existido el orden que propugnaba el confucianismo, nadie habría podido mantenerse en su sano juicio, y aunque no se llegara a este extremo, la sociedad se habría osificado y estancado en su desarrollo.

Mantener un orden tan rígido se hace a costa de mucha tensión y estrés, por lo que la gente busca la manera de protegerse a sí misma a través de una fiesta que rompa el orden establecido, aunque sea momentáneamente. Esta fiesta se denomina en términos religiosos orgía y también carnaval.

Durante la celebración de este tipo de fiesta, se borran las divisiones que la vida en sociedad impone a los seres humanos, como son las diferencias de clase, sexo, edad, etc. Nunca faltan la música y la danza y se disfruta de comidas y bebidas en abundancia, y en tiempos remotos se manifestaba también como desenfreno sexual. Constituye la vuelta al caos primigenio con el fin de recargarse de las energías necesarias para mantener el orden o cosmos actual.

En Corea, durante mucho tiempo la ocasión de esta fiesta liberadora la proporcionaron los ritos chamánicos, en particular, aquellos que se celebraban en honor de las divinidades celestiales o en el ámbito de las aldeas o *maeulgut*. Originalmente estos tipos de *gut* eran oficiados enteramente por los *mudang*, pero en el período Joseon se introdujeron algunos elementos confucianistas, sobre todo en la parte de la ofrenda a los antepasados, aunque en todos los demás aspectos conservó el carácter de fiesta liberadora. Durante varios días, se daba licencia a que se hicieran

Escena de un maeulgut en los tiempos modernos

alusiones directas al sexo y que se criticara y burlara de la clase noble a través del teatro-danza de máscaras o *talchum*. Aunque la vuelta al caos no era total como en los tiempos antiguos, el orden establecido se derrumbaba en muchos aspectos. En este sentido, los *maeulgut* cumplieron un importante rol religioso y social en el período Joseon.

2.2. El chamanismo y el budismo

La chamanización de los templos budistas

Si el chamanismo y el confucianismo mantuvieron una silenciosa relación de complementación durante el período Joseon, el chamanismo mantuvo una relación de hermandad con el budismo, puesto que ambas religiones fueron igualmente reprimidas y perseguidas en este período.

El surgimiento de la dinastía Joseon se tradujo en la caída de los monjes y

Santuario Samseonggak de un templo budista

los chamanes al estrato social más bajo y en la clausura de todos los templos budistas de la capital. En esta situación, el único camino que le quedó al budismo para sobrevivir fue acercarse en lo posible al pueblo. Con el fin de atraer a los creyentes a los templos ubicados en las montañas, incorporaron muchos elementos chamanísticos en su seno. El más representativo de todos ellos es el culto a las Tres Divinidades o Samsin, representados por Dokseong, que es un santo budista; Sansin, que es la divinidad de las montañas de origen chamanista; y Chilseongsin, la divinidad de las Siete Estrellas de origen taoísta. Desde fines del período Goryeo, en los templos budistas comenzaron a construirse santuarios para estas divinidades llamados Samsingak o Samseonggak. Al parecer estos Samseonggak fueron muy populares entre los creyentes durante el período Joseon. Esto se refleja aún en la actualidad, pues este altar de culto no falta en ningún templo budista, por muy pequeño que sea.

En la actualidad el budismo ha recuperado su esplendor y aparenta no tener ninguna relación con el chamanismo, pero la relación de ambas religiones fue sumamente estrecha en el período Joseon. En ese entonces muchos templos mantenían una especie de relación de cooperación con los

Interior de un santuario Samseonggak. En el centro se aprecia la imagen del santo budista Dokseong; a la izquierda la de Sansin, que como divinidad chamanista de las montañas aparece representado siempre con un tigre; y a la derecha, la deidad taoísta Chilseongsin.

chamanes, presentándose mutuamente creyentes nuevos o incluso permitiendo la celebración de ritos chamánicos en los recintos del templo.

La visión budista del otro mundo

En la relación de mutua influencia que tuvieron el budismo y el chamanismo, se puede concluir que fue mayor la influencia que ejerció el budismo sobre el chamanismo. En particular, esto se manifiesta en la visión del otro mundo y en los parámetros con que son enjuiciadas las almas de los muertos, en donde si bien se aprecian elementos confucianistas, son mayoría los de origen budista.

El chamanismo divide la otra vida en el mundo celestial y el mundo infraterrenal, pero este esquema dicotómico de paraíso-infierno es propio del budismo popular. Asimismo la creencia chamanista de que las almas de los muertos reciben un juicio por sus actos durante la vida para determinar si merecen ir al cielo o al infierno es también de procedencia enteramente budista. Si existe alguna diferencia es que en el chamanismo no se habla de Ksitigarbha, el bodisatva que intenta salvar las almas condenadas al infierno. Otra diferencia es que el chamanismo tiene una visión mucho más terrenal del otro mundo, ya que piensa que está espacialmente muy próximo a la vida.

Los parámetros con que son enjuiciadas las almas son de origen confucianista, como se puede apreciar en la historia de la princesa Baridegi. Sin embargo, después del juicio confucianista, el infierno es enteramente de concepción budista. En el chamanismo se describe el infierno como un lugar cubierto de filosas espadas o donde hace un frío glacial, pero estas son imágenes que se pueden encontrar pintadas en las paredes de cualquier templo budista.

La visión del infierno común al chamanismo y al budismo

El influjo del budismo en el chamanismo

Así como el budismo acogió divinidades chamánicas, el chamanismo también acogió divinidades del budismo. Un ejemplo representativo es el culto a Sambul Jeseok, cuya imagen de tres monjes tocados con sombreros cónicos se puede ver representada en el abanico de los chamanes. De hecho, todos los ritos chamánicos tienen una parte dedicada a estas divinidades budistas.

Más categórico es el hecho de que la mayoría de los chamanes tienen imágenes de Buda o de algún bodisatva en su altar. Esto se debe en parte a que el chamanismo considera que Buda es otra divinidad muy poderosa que merece ser venerada, pero también porque de este modo los chamanes pueden atraer a creyentes budistas a su clientela. El budismo es por naturaleza una religión abierta y Buda es la imagen de la máxima compasión, por lo que ni los chamanes ni los creyentes encuentran embarazoso o contradictorio que haya imágenes de Buda en un altar chamanista.

Asimismo se puede hallar infinidad de motivos budistas en los ritos y

Representación de Sambul Jaeseok

Altar chamanista con ofrendas. Obsérvense los faroles y la imagen de Buda en el centro de las estatuillas y pinturas que representan las deidades chamanístiscas.

creencias chamanísticas. El ejemplo más concreto es la historia de Baridegi, en donde la princesa recibe la ayuda decisiva de Buda y los bodisatvas para superar los avatares que sufre durante su búsqueda de la fuente del agua de la vida. Otro ejemplo es el *sanogugut*, que es un *gut* que se ofrece frecuentemente en Busan con el fin de asegurar con antelación que los ancianos se encaminen al paraíso tras su muerte, el cual no es otra cosa que la versión chamanista del rito budista *yesujae*. Por otra parte, según estudios realizados, la influencia budista es todavía más ostensible en el chamanismo de las regiones de la costa oriental de la península coreana y de las provincias surorientales de Gyeongsang del Norte y del Sur, en donde no solo se pueden ver imágenes de Buda y del paraíso budista entre las pinturas de divinidades y espíritus que adornan los altares y las casas rituales sino también faroles, que son un símbolo de salvación budista.

Cuando el budismo se difundió por China y se encontró con el confucianismo y el taoísmo de ese país, se produjo un fluido intercambio de influencias. En particular, el taoísmo adoptó gran parte del bagaje metafísico budista, como son la visión del mundo y de la salvación, así como su ritual. Algo semejante ocurrió en Corea. El perfectamente regulado ritual budista, su elevada visión del mundo y su sentido de la compasión fueron aspectos más que suficientes para atraer el interés del chamanismo local.

2.3. El chamanismo y el taoísmo

El chamanismo desplazó al taoísmo

Las religiones más importantes que se introdujeron de China florecieron ampliamente en Corea, a excepción del taoísmo. Con una historia de 2.000 años de antigüedad, el taoísmo tuvo un desarrollo enorme en China junto con el budismo y el confucianismo, pero en Corea no tuvo mayor resonancia. Los estudiosos explican el fenómeno diciendo que el lugar que ocupaba el chamanismo en la península era tan sólido y contundente que el taoísmo no encontró espacio para expandirse.

La relación entre el chamanismo y el taoísmo fue completamente opuesta en su desarrollo en China y Corea. En China el chamanismo local fue absorbido por el taoísmo, pero en Corea la tradición chamanística era tan fuerte que el taoísmo no llegó a echar raíces, a pesar de que fue adoptado por la realeza cuando fue importado a Corea a fines del reino de Goguryeo.

En China se pueden encontrar por todas partes tanto templos budistas como templos taoístas. Los monjes taoístas veneran a cientos de divinidades, ofrendan ritos al cielo y se comunican con los espíritus, es decir, cumplen prácticamente las mismas funciones que los chamanes coreanos. Además, siendo una creencia autóctona de China, el taoísmo refleja como ninguna otra el sentir religioso popular, por lo que se puede suponer que el taoísmo fue suficiente para el pueblo chino como fuente de consuelo y asistencia espiritual.

En Corea este papel lo cumplía perfectamente el chamanismo local. Contando ya con una religión "primitiva" y a la medida del modo de pensar y sentir popular, los coreanos no sintieron ninguna necesidad de adoptar una religión china tan primitiva como la que ya poseían. Como religión "superior", que ofrecía una ética y una filosofía elevadas y una amplia visión del mundo, ya habían acogido al budismo, así que no se sintieron atraídos por el taoísmo que era comparativamente inferior en estos aspectos.

Sin embargo, a pesar de que el taoísmo no ejerció una influencia que mereciera la pena destacarse en el sistema religioso coreano, sí ha dejado algunos rastros en las creencias populares. El más importante es, sin duda, el concepto de los opuestos complementarios o del *ying* y el *yang*, pero también el hecho de que varias divinidades taoístas tienen un papel importante en el chamanismo coreano.

Elementos taoístas en el chamanismo coreano

La divinidad taoísta Gwanu fue introducida en Corea durante la invasión japonesa de Hideyoshi a fines del siglo XVI. El ejército chino de la dinastía Ming que llegó en auxilio de Joseon veneraba a Gwanu como dios de la

Símbolo emblemático del taoísmo

guerra e introdujo este culto en la península. Cuando terminó la guerra, por pedido de la dinastía Ming, el rey Seonjo de Joseon estableció el culto oficial de Gwanu en la corte y ordenó que se levantaran altares en su honor en diversos lugares de la península. Siendo un poderoso general proveniente de un país todavía más poderoso y que había sufrido por añadidura una muerte trágica e injusta, el chamanismo coreano no tuvo reparos en incorporarlo a su panteón de dioses y espíritus. Aún en la actualidad Gwanu posee la fama de ser uno de los espíritus con poderes más grandes y temibles.

El culto a la divinidad de las Siete Estrellas o Chilseongsin, que se encarna

Estatua de bronce de Gwanu en el santuario Dongmyo de Seúl

en la constelación de la Osa Mayor, también proviene del taoísmo. Chilseongsin es el dios que domina la longevidad de los seres humanos y su poder es tan grande que fue absorbido por el budismo, de modo que es posible encontrar un altar dedicado a su culto en la mayoría de los templos budistas. Su influjo en el chamanismo se puede apreciar en que muchos de los espejos que portan los chamanes tienen grabadas las siete estrellas de la Osa Mayor en su reverso. Por otra parte, en la isla de Jeju se celebra un rito chamánico para pedir por la larga vida de las personas que tiene el nombre de *chilseonggut* y en otras regiones se incluye la veneración de Chilseongsin en la parte del culto a Jeseok que se lleva a cabo en los ritos chamánicos.

Otro influjo importante del taoísmo se aprecia en la prescripción de los talismanes escritos que hacen los chamanes. Los estudios indican que el

Pintura chamánica de Chilseongsin, los siete gemelos que se convirtieron en la constelación de la Osa Boreal. Este culto de raíz taoísta fue adoptado por el chamanismo y el budismo coreano.

taoísmo fue la primera religión del nordeste asiático que comenzó a utilizarlos ampliamente. Esto se aprecia en el libro *Baopuzi* o *El ser que abraza la simplicidad*, que escribió el monje taoísta Ge Hong a principios del siglo IV, en donde se presenta una gran variedad de talismanes escritos. Aunque no se sabe por qué vías se introdujo la creencia en los talismanes o si existía una fe semejante en la península coreana, lo cierto es que los talismanes chamanísticos coreanos guardan una gran semejanza en forma y contenido con los talismanes taoístas.

2.4. El chamanismo y el cristianismo

Muchos estudiosos opinan que las religiones extranjeras que se introdujeron en Corea, como el budismo y el confucianismo, fueron influidas por el chamanismo en mucho mayor medida de lo que lograron influir sobre esta religión autóctona coreana. Lo mismo puede decirse del cristianismo, que es la fe más importante y reciente que se ha introducido en Corea.

Como era de esperarse, el cristianismo se aplicó enérgicamente a la expulsión de la idolatría de la península, pero en el proceso de evangelización no tuvo más remedio que transigir con el chamanismo en muchos aspectos. En la opinión extrema de algunos, el cristianismo coreano, en particular el protestantismo, es cristianismo solamente en apariencia y por dentro está totalmente "chamanizado". Los teólogos protestantes lo percibieron y sus voces de alerta se comenzaron a escuchar desde los años 60.

El cristianismo solo lleva un par de siglos en la península coreana. Si se lo piensa, es lógico que haya recibido la influencia del chamanismo, que es una religión que convive con los coreanos desde hace milenios.

Características del cristianismo coreano

Algunos estudiosos señalan como ejemplo de la "chamanización" del cristianismo coreano, el materialismo y la personalización excesivos de los deseos que se pronuncian en los servicios protestantes del país. En esencia el cristianismo es una religión con una gran vocación y preocupación social e histórica, pero en el cristianismo coreano este aspecto estaría velado por el extremo énfasis que se pone en los oficios religiosos en el éxito personal y material de los feligreses. Sin embargo, este no es un rasgo chamanístico sino una peculiaridad que se puede encontrar en todas las religiones que están en proceso de expansión, puesto que predicar que la aceptación de la nueva fe traerá el cumplimiento de todos los anhelos personales es la manera más simple y eficaz de atraer a los fieles.

Otros estudiosos encuentran la influencia chamanística en el modo extremo con que se expresa el fervor religioso en los oficios y en las reuniones de reavivación del protestantismo. En estas ocasiones es frecuente que después de entonar repetidas veces el mismo himno con los ojos cerrados, las manos levantadas y balanceando fuertemente el cuerpo, se produzca una explosión de oraciones en voz alta que culmina con la pronunciación de palabras y sonidos incomprensibles en un estado de éxtasis colectivo. No es de extrañar que muchos lo comparen con el estado de enajenación religiosa que se alcanza en un rito chamánico.

Quizá más exacto que hablar de la influencia del chamanismo en el protestantismo sea decir que es la propia idiosincrasia de los coreanos que se inclina al extremismo en todos los aspectos —como ocurre con el alcohol, por dar otro ejemplo—, lo que hace que un rito chamánico o un servicio religioso protestante alcancen semejante estado de enajenación colectiva.

Fervor religioso protestante

La visión de los demonios

La influencia del chamanismo se manifiesta más claramente en la visión de las enfermedades que tienen algunos pastores protestantes. En estas iglesias la curación de las dolencias está considerada como una labor primordial. El denominador común de estas iglesias es que atribuyen las enfermedades al demonio, por lo que en sus servicios religiosos siempre se incluye una práctica de expulsión del demonio de los cuerpos de los creyentes.

En este proceso exorcista, el ministro de la iglesia hace salir adelante a todos los que padecen alguna enfermedad. Con voz estentórea, el ministro interroga en nombre de Dios el nombre del demonio que está en posesión del cuerpo y a continuación, apoyando su mano en la cabeza del enfermo, lo conmina a que se marche de inmediato. Entonces, como fulminado por un rayo, el creyente se desmaya o se cae de rodillas. Cuando recupera el sentido, manifiesta sentirse mucho mejor y como liberado de un gran peso.

Del mismo modo que en el chamanismo, la enfermedad es atribuida a la

Pastor pronunciando un rezo por la curación de una creyente

posesión de una fuerza maligna proveniente del exterior. En el chamanismo, las enfermedades se deben al enojo de algún espíritu o divinidad, al resentimiento de un antepasado o a la transgresión de alguna prohibición. El enfermo no tiene ninguna culpa ni responsabilidad sobre la dolencia que lo aqueja sino que es una víctima inocente e impotente de una fuerza sobrenatural que desea causarle el mal. En el rito exorcista que oficia el chamán, este le ordena con voz autoritaria al espíritu que se marche del cuerpo del enfermo de un modo muy semejante a como lo hace un ministro protestante.

Otro rasgo de similitud son los nombres del demonio que pronuncian los fieles durante el proceso exorcista cristiano: "el espíritu de la suegra", "el espíritu de una mujer virgen que no pudo casarse", "el espíritu de una chamana muerta injustamente", "el espíritu de una viuda", "el espíritu de un mendigo que murió de hambre", etc. Como se puede apreciar, los nombres de los demonios son sospechosamente parecidos a los espíritus con los que constantemente lidia el chamanismo. De hecho, en coreano uno y otro son prácticamente indiscernibles, pues se utiliza la misma palabra °∏gwisin para designar al demonio cristiano y a los espíritus chamanistas.

Por otra parte, el poder que dicen tener algunos ministros protestantes para expulsar al demonio no se obtiene de la vida cotidiana. Para adquirir este poder espiritual realizan retiros o se internan en lo más profundo de las montañas, tal como lo hacen los chamanes cuando sienten que su poder de comunicación con los espíritus y divinidades se debilita.

Hemos mencionado más arriba que las explosiones de palabras incomprensibles en las sesiones de rezos es una característica típica de las reuniones protestantes coreanas de reavivación del fervor religioso. Muchos estudiosos observan que ese estado de trance religioso tiene muchas similitudes con el *gongsu* chamánico, que es el momento en que el chamán es poseído por el espíritu o la divinidad invocada y transmite sus palabras. En algunas iglesias protestantes, el proferir sonidos incomprensibles en los rezos está altamente ponderado, puesto que se lo considera una gracia de Dios. En este tipo de iglesias, se margina a las personas que no son capaces de entrar en ese estado de trance y se les ofrecen clases para aprender a hacerlo, pues se estima que es una capacidad que debe poseer todo auténtico cristiano. De un modo muy semejante, en el chamanismo solo se considera que un rito chamánico ha sido exitoso cuando el chamán logra hacer hablar a los espíritus a través de su persona.

Nos hemos referido hasta aquí solamente al protestantismo, puesto que es muy difícil encontrar influjos chamánicos manifiestos en el catolicismo coreano. Esto se debe a que el catolicismo está sujeto a un régimen sumamente centralizado, en el que las iglesias y los sacerdotes no pueden actuar por cuenta propia. En consecuencia, está mucho menos expuesto que el protestantismo a los influjos externos.

3. El chamanismo y el modo de ser de los coreanos

3.1. Las críticas al chamanismo

Las críticas más serias y aceradas que se han dirigido al chamanismo han provenido del confucianismo en el período Joseon y más recientemente del cristianismo.

La crítica principal es que los *gut* u oficios chamanistas son excesivamente materialistas y concentrados en el presente y no manifiestan ningún plan ni visión del futuro. En otras palabras, el chamanismo se centra únicamente en los anhelos materiales personales o familiares. Desde este punto de vista, dicen que el *ogugut* no busca tanto el descanso del difunto como el evitar que el espíritu del muerto se torne dañino para los deudos. Observan también que la única relación que importa en el *gut* es la del interesado con el espíritu o divinidad correspondiente y no se presta atención alguna a la sociedad o la comunidad ni a los valores éticos o morales.

La segunda crítica es que el chamanismo ha ejercido una influencia sumamente negativa en el modo de ser de los coreanos. En primer lugar, se dice que la tendencia chamanista de echarle la culpa de todos los males a los espíritus habría fomentado el fatalismo de los coreanos. El fatalismo conduce, por un lado, a una excesiva dependencia de las prácticas adivinatorias con el fin de conocer la suerte con la que ha nacido uno; y por el otro, fomenta la impotencia y la inercia, puesto que si el destino está ya echado, de nada sirve esforzarse para labrarse un futuro propio.

La tercera crítica importante y que proviene del cristianismo es que el chamanismo carece de conciencia histórica y en consecuencia, no muestra interés alguno en el progreso, la sociedad y los problemas históricos. En la medida en que lo único importante es sortear las desgracias y atraer la buena fortuna personal, el chamanismo no sería más que un conjunto de rituales repetitivos y carentes de significación ulterior.

Todas estas críticas son válidas y tienen una gran parte de verdad, pero quizás el panorama cambie un poco si miramos el tema desde otro punto de vista. A menudo las religiones se ocupan de ámbitos muy diferentes, y aunque coincidan, ven las mismas cosas desde perspectivas disímiles. Este es quizá el caso del chamanismo y de las otras religiones importantes de Corea, como trataremos de probar a continuación.

3.2. El mundo de los instintos

¿Qué mundo se despliega cuando se lleva a cabo un rito chamanista? Descrito de manera positiva, en el *gut* se vuelve al mundo anterior a la sociedad humana y a la creación del tiempo histórico. En otras palabras, es un retorno al mundo mítico primitivo, al tiempo anterior al establecimiento de la moral y la ética.

Ese mundo, expresado en términos objetivos, no es otro que el mundo de los instintos. En el *gut* se muestran de manera descarnada los deseos materiales y cotidianos que abrigamos la mayoría de los seres humanos, como son el vivir bien, tener mucho dinero, habitar en una buena casa, anhelar que los hijos tengan éxito, querer que prosperen las inversiones, etc. Por ejemplo, si a una persona le está por vencer un cheque de trescientos millones de wones y le falta dinero en el banco, ¿qué haría? ¿Acudiría al pastor protestante, al padre católico o al monje budista? Seguro que nadie buscaría consejo en ellos para un asunto tan materialista. Y si una mujer se acaba de enterar de que su marido tiene una amante, ¿podría buscar consuelo en estas personas cuando se le cae la cara de vergüenza?

El chamanismo y el chamán tienen a su cargo todo este mundo de deseos básicos y primitivos que no podemos ventilar en cualquier lugar y ante cualquier persona. Los *gut* se ocupan de estos asuntos que queremos esconder a los ojos de los demás, pero que necesitan de una pronta solución. No es casual que se suelan celebrar a partir de la caída del sol y a lo largo de toda la noche, pues son asuntos que producen resquemor tratar a la luz del día. Por algo dicen que el budismo y el cristiano son religiones *yang*, mientras que el chamanismo es una religión *ying*. Tampoco parece estar desconectado con este aspecto instintivo y primitivo el hecho de que los chamanes se vistan mayormente con los colores primarios.

Los seres humanos no podemos vivir todo el tiempo con una actitud noble, reprimiendo nuestros deseos y pensando siempre en el bienestar del prójimo, como enseñan las religiones superiores. Del mismo modo que en nuestra vida necesitamos del mundo ordenado e ideal al que aspiran estas religiones, necesitamos también del mundo de los instintos del que se ocupa el chamanismo. En lugar de rechazar al chamanismo como algo irracional, debería ser aceptado y valorado por ofrecer a los seres humanos la oportunidad de liberar y sublimar los instintos primitivos a través de la enajenación y el caos que se expresa en sus ritos. El chamanismo no es sino una religión que busca satisfacer nuestros deseos instintivos de manera franca y abierta.

3.3. El chamanismo y las mujeres

Así como el término *mudang* se asocia de inmediato con una chamana, el chamanismo coreano es inseparable del sexo femenino. De la totalidad de los *mudang*, las chamanas superan en una proporción de siete a tres a los chamanes varones y se suele decir que el chamanismo es una religión centrada en las mujeres. Asimismo, la mayoría de los creyentes son mujeres y las tres canciones más importantes del chamanismo que se entonan en los *gut* tienen como protagonistas a personajes femeninos: la Princesa Baridegi, la Niña Danggeum y Sim Cheong[3]. El chamanismo siempre ha centrado su atención en los sectores marginados y despreciados de la sociedad, en consecuencia no es extraño que las mujeres tengan un rol importante en esta religión.

Como vimos más arriba, se considera que el antepasado más remoto de los *mudang* es una mujer, la princesa Baridegi. Según cuenta el argumento de la canción, Baridegi es una víctima que, a pesar de sufrir el rechazo y la violencia de la sociedad patriarcal, supera todos los obstáculos y salva a sus padres llevada por el noble sentimiento de la piedad filial. Sin embargo, se ha criticado que Baridegi no llega a desafiar el sistema imperante, puesto que no corrige ni impone cambio alguno. Otras críticas más aceradas, aunque también demasiado modernas, dicen que Baridegi no solo se adapta y soporta el sistema con una actitud sumisa sino que se acoge obedientemente el "equivocado" sistema de valores patriarcal.

Las *mudang* también se identifican profundamente con la protagonista de la canción de Sim Cheong, que tiene un tema parecido al de la princesa Baridegi. En esta historia, llevada por un inconmensurable amor filial, Sim Cheong sacrifica su vida para devolverle la vista a su padre ciego.

Quizá lo que tratan de decir ambas canciones es que mientras que el amor filial de los hijos varones es calculador y se quiebra fácilmente, el amor filial

3) La canción de la Niña Danggeum trata acerca de una doncella que concibe tres hijos del santo budista Jeseok y los cría como madre soltera hasta que son reconocidos por el padre, quien los convierte en divinidades. Ella misma se convierte en la divinidad que preside los nacimientos. Por su parte, Sim Cheong es una muchacha que no duda en venderse como presa de sacrificio para el dios dragón del mar con el fin de devolverle la vista a su padre ciego. Como recompensa a su devoción filial, se desposa con el dios del mar y su padre recupera la visión.

de las hijas es más auténtico y no se doblega ante nada. Quizás el mostrar de este modo que las mujeres son mejores que los hombres es una forma de resarcirse indirectamente de la opresión que han sufrido las mujeres bajo el dominio de los varones.

El predominio de las chamanas

¿Cómo explicar que en Corea haya dos y hasta tres veces más chamanes mujeres que varones? Desde el punto de vista de la complementación del *ying* y el *yang*, las mujeres corresponden al ámbito del *ying*, que se asocia con la suavidad, la pasividad, la integración, la cooperación y la receptividad. De todas estas características, la receptividad es la cualidad que predomina sin duda alguna en las mujeres. Esto se comprueba sobre todo en las mujeres que son madres, puesto que los hijos nacen y crecen en la calidez que brinda el protector y receptivo seno materno. Asimismo las mujeres son mayoría en los trabajos que implican recibir y dar buen trato a las personas. Si aplicamos este principio a los chamanes, es comprensible que las *mudang* mujeres sean las más adecuadas para recibir en su cuerpo los espíritus de las divinidades. Esto explica en cierta medida por qué predominan las chamanas en Corea y por qué en el caso de que sean chamanes varones, muchos de ellos poseen características afeminadas.

¿Cómo explicar entonces que en Siberia o en América del Norte los chamanes sean en su mayoría hombres? En estos casos, la explicación más plausible es que se trata de sociedades en estado todavía tribal, en las que el chamán aún posee un poder político importante, por lo que es natural que sea el hombre que detenta el poder político quien ejerza también el poder religioso. Por otra parte, como hemos mencionado más arriba, en estas regiones la experiencia de la posesión espiritual es esencialmente traslatoria, es decir, el espíritu del chamán se escapa de su cuerpo para ir al encuentro de las divinidades. Este tipo de experiencia religiosa no condice con la cualidad de la receptividad que caracteriza a las chamanas mujeres sino que va mucho mejor con los chamanes hombres, que poseen las cualidades de actividad y agresividad propias del *yang*.

Como curiosidad, cabe mencionar la explicación que han encontrado los antropólogos a este tema. Observando que las *mudang* son mujeres con un alto nivel de inteligencia, facilidad de palabra y personalidad, afirman que se convierten en chamanes porque es la única salida que encuentran para superar la gran brecha que existe entre lo que espera la sociedad tradicional de ellas y las elevadas aspiraciones y metas personales que poseen en contrapartida. Como no se resignan a vivir relegadas y oprimidas como las demás mujeres y al mismo tiempo no pueden quebrantar las reglas sociales tradicionales puesto que eso significaría el destierro de la sociedad, el único escape que encuentran es el convertirse en *mudang*. De este modo, con la "excusa" de que han sido poseídas por los espíritus y las divinidades, no solo pueden hacerse escuchar ante los hombres y las personas importantes sino también tratarlos desdeñosamente de tú. Según esta teoría antropológica, el fenómeno de la posesión chamánica no es sino una compensación a través del éxtasis del sentimiento de desplazamiento y falta de consideración social que sufren las mujeres.

3.4. La estética del desorden

Cuando se asiste a un rito chamánico, es imposible no sorprenderse por la "naturalidad" que impera en él, lo cual expresado en términos negativos se puede decir que es el desorden mismo. En efecto, casi en ninguna parte del *gut* se puede encontrar la solemnidad y el orden que cabe esperarse de un rito religioso. Más bien, el *gut* parece un gran mosaico que muestra de manera condensada los aspectos más diversos de la vida cotidiana de los coreanos, puesto que no solo se regatea, se consiente, se reprende, se ruega, se llora y se ríe cuando se trata con los espíritus sino que además en los intermedios se come, se bebe, se fuma, se danza, se llama por teléfono, se bromea con los músicos, etc.

Hemos dicho que el punto culminante de este desorden es el estado de éxtasis que alcanza el chamán con el fin de volver al caos anterior al cosmos. Si, como dijimos más arriba, el chamanismo está enraizado en lo más profundo de los sentimientos religiosos coreanos y la experiencia del éxtasis es el núcleo del chamanismo, entonces se puede concluir que muchas actitudes vitales extremas de los coreanos, como el beber desmesuradamente, pueden explicarse como una expresión del anhelo chamanístico de enajenación del yo y de retorno al desorden primordial.

Desde antiguo, la inclinación del pueblo coreano al desorden o, dicho de otro modo, a la naturalidad, se ha manifestado bajo la forma de un sentido artístico sumamente elevado y original. Las pruebas de esta gran libertad de expresión se pueden encontrar en todos los ámbitos artísticos.

Por ejemplo, la arquitectura coreana tradicional es famosa en el mundo por el grado de armonía que alcanza con la naturaleza. Pero yendo todavía más lejos, muchas construcciones no solo armonizan bien con el entorno sino que introducen la naturaleza en la misma construcción. Un ejemplo es el templo Seonunsa, que se encuentra en Gochang, provincia de Jeolla del Norte, en donde se usaron troncos de árboles torcidos en su estado natural como vigas. Lo sorprendente es que, a pesar de que no hay una sola viga recta en esta construcción, el conjunto se ve sumamente elegante y a la vez natural. Según el monje principal de este templo, los japoneses son los que más se asombran de esta peculiar arquitectura, acostumbrados como están al

Detalle de las vigas del techo de uno de los recintos del templo Seonunsa

orden artificial de su particular estética artística.

El amor al desorden y a la naturalidad que caracteriza al sentido artístico de los coreanos se manifiesta también en el hecho de que en la mayoría de las construcciones tradicionales se utilizaron piedras angulares en su estado natural. En lugar de trabajar estas piedras para tornarlas uniformes, se prefirió adaptar la base de las columnas a las imperfecciones naturales de aquellas. Viendo esto se puede decir que los coreanos, al menos desde mediados del período Joseon, gustaron de aceptar en la medida de lo posible la naturaleza tal cual es y mostraron un innato rechazo hacia lo artificial.

Esta estética de la naturalidad se manifestó también plenamente en el ámbito de la música. Si dejamos de lado la música clásica cortesana, no hay duda de que los ritmos folclóricos tradicionales más propios de los coreanos son el *sinawi*, el *sanjo* y el *pansori*. Lo que caracteriza musicalmente a los dos primeros géneros es que son interpretaciones instrumentales improvisadas. La diferencia es que el *sinawi* es interpretado por un

Piedras basales en estado natural

conjunto, mientras que el *sanjo*, que deriva de aquel, es tocado por un intérprete solista. De cualquier forma, en ambos géneros los músicos tocan los instrumentos sin partituras, dejándose llevar por la inspiración y el ánimo del momento. De a ratos los instrumentos parecen ir cada uno por su lado, pero en otros logran una sorprendente armonía. La música es, pues, una sucesión de variaciones siempre cambiantes. Este es precisamente el mayor atractivo del *sinawi* y del *sanjo*. Se trata de la capacidad de ver en el aparente desorden de las cosas, la armonía y el orden superior en el que están inmersas.

Concierto instrumental improvisado o sinawi

La naturaleza de *sinawi* y del *sanjo* se comprende mejor cuando uno toma conocimiento de que son géneros que provienen de la música chamanística. Tienen su origen en Jeolla del Sur, más precisamente en la música ritual que crearon y utilizaron los chamanes hereditarios, quienes siempre se han destacado por sus dotes artísticas. No es nada extraño que estos géneros musicales tan desorganizados y naturales provengan del chamanismo, que ha sido siempre tan afín al caos y al desorden.

Los ejemplos de las manifestaciones de esta estética afín al desorden y a lo natural en el ámbito de la música son interminables: la aspereza de la expresión vocal del *pansori*, el tocar el *ajaeng* o cítara de siete cuerdas con una rama de forsitia o con pelos de caballo, el modo brusco de tocar con un plectro el *geomungo* o cítara de seis cuerdas, etc. Todas son expresiones de esta peculiar estética coreana que de tan natural, se acerca de una manera inimaginable a lo tosco y agreste.

3.5. Las limitaciones del chamanismo

En las religiones teístas, aunque los sacerdotes dependan enteramente de la divinidad, los creyentes aspiran a mantener una relación igualitaria con su dios, en la que son reconocidos como individuos con características personales. No se trata de una relación inmadura en la que la divinidad ordena y el hombre obedece por temor al castigo sino que es una relación que se basa en la comunicación y la reflexión. El diálogo con la divinidad hace que el hombre se torne más humilde y decida seguir con alegría las enseñanzas de su dios. Sin embargo, en el chamanismo no es posible observar una relación madura de este tipo.

Como ejemplo, baste el modo en el que los chamanes son elegidos por los espíritus. Cuando una persona es elegida como chamán, no hay manera de evitar este destino. Si se resiste con todas sus fuerzas a la enfermedad chamánica, puede ser castigado con el *indari*, que consiste en provocar la muerte del ser más allegado al candidato a chamán. Con esta terrible amenaza pendiente, es natural que nadie se resista indefinidamente a aceptar su destino de chamán. Una vez que ha recibido sus poderes a través de este doloroso proceso, el chamán ayuda a los creyentes ejerciendo su poder mediático, pero ellos mismos no llevan una vida que se pueda decir que sea demasiado feliz. La mayoría de los chamanes no ejercen su función con gusto y placer sino como una fatalidad de la que no pueden escapar. Por ejemplo, pueden pasar por alto su propio cumpleaños, pero si se olvidan de ofrecer una mesa llena de espléndidas ofrendas a la divinidad o espíritu que veneran en el día que corresponde, pueden sufrir toda clase de dolores y enfermedades.

En las religiones maduras, los sacerdotes veneran a la divinidad con alegría y felicidad. No temen a su dios sino que lo consideran como un progenitor compasivo. Sin embargo, en el chamanismo, el miedo es el sentimiento que domina en los chamanes. Es un resabio del modo en el que la Humanidad veneraba a sus dioses en el estadio de la sociedad tribal, cuando la relación con la divinidad se basaba en reglas, tabúes y órdenes en lugar de la piedad y el amor.

La relación del hombre con su divinidad cambió radicalmente hace unos 2.500 años. Dejó de basarse en el principio primitivo de la fuerza para fundarse en el amor y el sacrificio, que son sentimientos que solo pueden tener y valorar los seres humanos. Fue el principio de las llamadas religiones superiores, que apelan a los valores más universales de la Humanidad.

II. El confucianismo La religión que determinó la ética social de los coreanos

1. La percepción del confucianismo

2. El hombre noble o gunja

3. Corea y el confucianismo

4. El confucianismo es una religión

1. La percepción del confucianismo

Según un sondeo de opinión realizado por Gallup, cuando se les pregunta a los coreanos acerca de su religión, solo un 2% responde que es el confucianismo. Sin embargo, en las festividades del Año Nuevo Lunar o Chuseok, la mitad de la población del país pasa toda clase de vicisitudes con el fin de ir a su pueblo natal y participar en el rito de culto a los ancestros. Si precisamente este rasgo de veneración de los antepasados es lo que caracteriza al confucianismo, ¿por qué los coreanos no se consideran creyentes confucianistas? Esto se debe a que, salvo una minoría protestante a la que se le ha enseñado que la veneración de los antepasados es una idolatría, el resto de los coreanos no relaciona con el confucianismo el rito de culto a los antepasados que realiza en las festividades tradicionales y en las fechas de fallecimiento de los padres y abuelos.

Sin embargo, si se modificara la pregunta del siguiente modo: "¿Usted se esfuerza por practicar las enseñanzas confucianistas de amor filial hacia los padres y respeto por los mayores?", seguramente más del 90% de los coreanos respondería afirmativamente. En otras palabras, la mayoría de los coreanos son confucianistas practicantes.

Si bien se suele decir que el confucianismo y sus enseñanzas son antiguallas que no se condicen con los tiempos modernos, desde la dinastía Joseon en adelante los coreanos han vivido inmersos en el confucianismo como peces en el agua. Del mismo modo que los peces están tan acostumbrados a su medio que se olvidan de que viven en el agua, los coreanos viven tan empapados en el ambiente confucianista que se olvidan de que son confucianistas.

En este capítulo trataremos sobre el confucianismo, la religión tradicional que mayor influencia ha tenido sobre los coreanos. No nos ocuparemos de los aspectos teóricos y especulativos de esta religión sino de los aspectos más centrales del confucianismo primitivo, como son las enseñanzas de Confucio (551-479 a. C.) y Mencio (370-289 a. C.). Cada vez que han surgido movimientos de renovación del confucianismo a lo largo de sus 2.500 años de historia, ha sido siempre este confucianismo primitivo el que ha ofrecido inspiración y un marco básico de principios éticos a estos movimientos. Por otra parte, han sido los postulados de este confucianismo primitivo y no los del neoconfucianismo formulado en el período Joseon los que han tenido mayor influencia en la sociedad coreana.

Después de repasar las enseñanzas de Confucio y Mencio, nos ocuparemos del modo en el que estos principios del confucianismo primitivo se transmitieron en Corea y cuál es la influencia real y concreta que ejercen en la sociedad actual.

1.1. Los estudios orientales

Los estudios orientales se centran en la religión y la filosofía. Es importante recordar que ambos son campos totalmente indiferenciados en Oriente. Las ideas nucleares de las religiones y filosofías orientales no están alejadas de la vida cotidiana, pues básicamente se ocupan de explorar los modos para que los hombres se vuelvan más virtuosos. Por muy complicados que parezcan los principios del confucianismo o el budismo, todos están abocados a hacer que el ser humano devenga más humano, es decir, más cercano a su condición esencial.

Se pueden estructurar los estudios orientales alrededor de dos grandes ejes. En primer lugar, todos los estudios orientales son inseparables del ser humano, es decir, tratan sobre y han surgido por y para los hombres. A diferencia de la filosofía occidental que persigue el conocimiento por el conocimiento mismo y de la teología occidental que centra sus estudios en la otredad más absoluta que es la divinidad, el interés primordial de los estudios orientales es el ser humano. Este es el sentido de la enseñanza de Confucio que dice que primero hay que ser buenos hijos en casa, amables y humildes fuera de casa con los vecinos y, si aún sobra tiempo, hay que destinarlo a los estudios.

Todas las tradiciones de los estudios orientales coinciden en buscar la esencia más auténtica del ser humano, pero difieren en señalar cuál es ese ser humano ideal. El confucianismo propone al hombre noble (*gunja*, 君子) u hombre santo (*seong-in*, 聖人); el taoísmo al hombre inmortal (*sinseon*, 神仙) y el budismo al hombre iluminado (*gakja*, 覺者). Así, pues, los estudios orientales se ocupan de estudiar cuál es el hombre esencial y virtuoso que proponen las distintas tradiciones. Naturalmente está incluida la reflexión sobre los dos temas fundamentales de todas las religiones, que son el dolor y la maldad, y se ofrecen respuestas al interrogante de por qué no podemos convertirnos en seres humanos nobles, sobrenaturales o iluminados y nos quedamos en nuestro problemático estado actual. Esto nos lleva al segundo gran eje de los estudios orientales. Si en el primer nivel se propone la meta final, lo que resta por saber es cómo llegar a esa meta. Las distintas tradiciones no solo proponen un hombre esencial diferente sino también diversas maneras de llegar a ser tal.

	Hombre ideal	Modo de consecución
Confucianismo	Hombre noble o santo	La práctica de la benevolencia y el estudio
Budismo	Iluminado	La meditación y otras formas de disciplinamiento espiritual
Taoísmo	Hombre inmortal	La alquimia, la meditación, la búsqueda del elixir de la vida

2. El hombre noble o *gunja*

Si el cristianismo se centra en el amor y la justicia y el budismo en la sabiduría y la compasión, el confucianismo se centra en el estudio y el gobierno. El *gunja* u hombre ideal confucianista es aquel que después de formarse y prepararse a través del estudio se dedica a proporcionar paz y bienestar a sus semejantes. En consecuencia, la meta de todos aquellos que practican el confucianismo es llegar a ser un *gunja*.

Confucio estableció diferencias entre *gunja* y *seongin* y manifestó que solo algunos reyes de virtud excepcional y existencia casi mítica pudieron llegar a ser hombres santos o *seongin*. En cambio, Mencio expresó muchos años después que todos los hombres podían llegar a ser *seongin* si cultivaban adecuadamente la moral que habían recibido del Cielo. Siguiendo a Mencio, aquí nos referiremos a *gunja* y *seongin* como sinónimos.

2.1. Confucio

Vida y apariencia física

Todos sus retratos tienen en común dos rasgos que al parecer caracterizaban a Confucio: la frente y los dientes protuberantes. Se cuenta también que tenía una estatura de un metro noventa centímetros digna de un gigante, de modo que cuando sus discípulos deseaban localizar a su maestro, no tenían más que preguntar su paradero con estas señas.

Según algunos libros históricos, Confucio fue hijo de padres no unidos por el matrimonio. Esto no significa necesariamente que haya sido un hijo natural sino que probablemente nació antes de que sus padres formalizaran la unión. Al parecer, en la época en la que vivió no era una costumbre mal

Retrato de Confucio

vista, puesto que nadie sacó a relucir este dato para desmerecer su condición de maestro. También se sostiene que la madre de Confucio fue la segunda mujer de su padre, que se quedó viudo de su primera esposa. Como se puede apreciar, su aspecto físico y su historia familiar fueron poco corrientes.

Confucio nació en el año 551 a. C. en el reino de Lu, actual provincia de Shandong, en el caótico período de las Primaveras y Otoños y falleció en 479 a. C. No perteneció a una condición social muy alta, ya que su padre fue un guerrero de bajo rango, de modo que, a pesar de ser noble, su condición fue más bien cercana a la de los plebeyos. Sin embargo, recibió una educación que no tuvo nada que envidiar a la de los aristócratas. Gracias a ello, cuando tuvo alrededor de treinta años, recibió la consideración de un estudioso con ideas propias y pudo proseguir sus estudios en otro reino. Hacia los cincuenta años, fue funcionario de gobierno de su país y ocupó cargos equivalentes a los actuales de director de obras públicas y de ministro de justicia.

Sin embargo, como las personas que predican la ética y la rectitud no suelen ser bienvenidas en la política, fue desterrado antes de que pudiera ver los resultados de la puesta en práctica de sus ideas y tuvo que llevar una vida errante a través de diversas comarcas. Pasó catorce años alejado de su país esperando que un monarca de otro reino lo emplease, pero no tuvo esa buena fortuna. Pasó hambre más de una vez y en una ocasión fue apresado al ser confundido con un general enemigo y estuvo en un tris de perder la vida. Sin lograr encontrar a un gobernante que estuviera dispuesto a poner en práctica sus ideas durante todos esos años, Confucio volvió decepcionado a su tierra natal cuando tenía cerca de setenta años y murió poco tiempo después.

Confucio fue el primer educador y erudito en la historia de China que enseñó de manera profesional la moral y la política y creó su propia escuela. En especial, su celo educativo fue tan grande que siempre se mostró dispuesto a enseñar a cualquier persona que le trajera un poco de cecina, sin importar su condición social. En efecto, poseía una confianza ilimitada en la educación y creía a pie juntillas que "el ser humano solo puede cambiar a través del estudio".

Para conocer mejor a Confucio, veamos cómo se refleja su persona en las *Analectas*, que es la obra que recoge los dichos y enseñanzas del maestro. Según lo expresa él mismo, a los quince años comenzó a interesarse en los estudios y a los setenta años las cosas que hacía siguiendo su voluntad no estaban reñidas con la moral ni las costumbres. Describió las diversas etapas de su maduración intelectual del siguiente modo: a los treinta años sentó firmemente sus ideas sin replegarse; a los cuarenta años alcanzó el equilibrio intelectual y la madurez emocional y se libró de los engaños; a los cincuenta años aprendió que todo en este mundo depende de la voluntad del Cielo; y a los sesenta años alcanzó la condición de un asceta que no se deja menoscabar por las palabras de los demás.

Las enseñanzas de Confucio

Una vez un discípulo le preguntó qué era la sabiduría y Confucio le respondió que la sabiduría era reconocer que se sabía cuando de verdad se sabía y manifestar ignorancia cuando no se sabía. Suena como un juego de palabras, pero si pensamos en todas las veces que hemos aparentado saber cuando en realidad no sabíamos y viceversa, no es de ningún modo fácil cumplir esa máxima. El verdadero sabio es aquel que sabe exactamente lo que sabe y lo que no sabe, tal como lo expresó Sócrates —que vivió en Grecia en el mismo siglo que Confucio— a través de su conocida frase: "Solo sé que no sé nada".

Confucio también se hizo famoso por decir que no confiaba en las cuatro cosas que iban en contra de la razón, que son: lo extraño y maravilloso, la fuerza física, lo confuso y los espíritus. Ha sido una frase frecuentemente utilizada por los estudiosos de Oriente para afirmar la racionalidad de las ideas confucianas.

Por otra parte, siempre que a Confucio le preguntaban sobre la muerte y los espíritus, él respondía haciendo hincapié en la importancia de la vida presente. Un día que un discípulo le preguntó que había después de la muerte, Confucio le replicó con esta otra pregunta: "¿Por qué quieres saber sobre la muerte cuando nada sabes sobre la vida?". Quiso decirle que lo importante era volcar todas las energías en el presente, puesto que si no se sabía qué se debía hacer hoy y ahora, no tenía ningún sentido preocuparse por lo que vendría después de la muerte. Otro discípulo le preguntó sobre las maneras de servir y mostrar respeto a los difuntos y Confucio le respondió: "¿Para qué preocuparse de tratar bien a los muertos cuando no sabemos tratar adecuadamente a los vivos?"

Además de estas actitudes idealistas, Confucio mostró una tendencia conservadora en muchos aspectos. El interés central del maestro fue restaurar la cultura de la dinastía Zhou[1], que consideraba como la mejor organizada y de más alto nivel de su época. Las circunstancias históricas en las que vivió Confucio fueron de gran caos, pues el reino estaba dividido en numerosos estados señoriales que estaban en continuas disputas. En la opinión de Confucio, la causa del caos reinante era que se habían

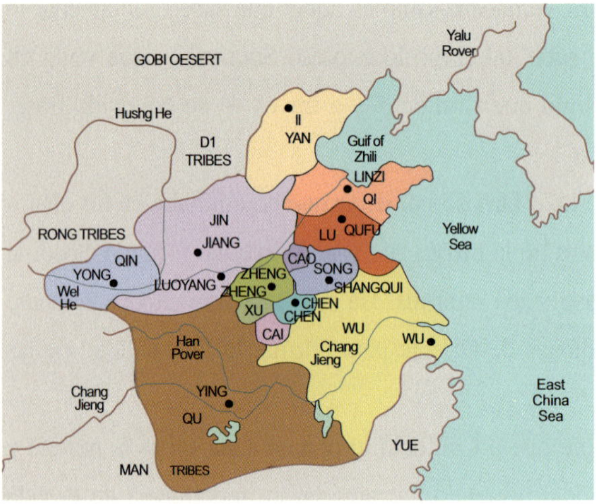

Mapa de Zhou Oriental
en la segunda mitad del período de las Primaveras y Otoños

---

1) La dinastía Zhou gobernó en China entre 1050 a. C. y 256 a. C. aproximadamente. Es la tercera dinastía china en la historia tradicional y la última de las dinastías de reyes anteriores a las dinastías imperiales. La dinastía Zhou puede dividirse en dos etapas bien diferenciadas: Zhou Occidental hasta el año 771 a. C., que gobernó un estado fuerte y centralizado desde las capitales de Hao y Feng; y Zhou Oriental (771-256 a. C.), que mantuvo un poder puramente nominal desde la corte de Chengzhou, cerca de la actual Luoyang. Esta segunda etapa, en la que la unidad simbólica del reino coincidía con la existencia de múltiples Estados de hecho independientes, se subdivide tradicionalmente en dos períodos: el período de las Primaveras y los Otoños (770-403 a. C.) y el período de los Reinos Combatientes (403-221 a. C). Confucio vivió a caballo entre estos turbulentos períodos de la historia china.

abandonado las normas y las tradiciones de la dinastía Zhou.

Si bien en muchos aspectos se puede apreciar una mentalidad renovadora en las ideas de Confucio, él no se consideraba como un innovador sino un restaurador de las buenas tradiciones y normas de los predecesores. El estado ideal con el que soñaba Confucio no estaba en el futuro sino en el pasado. Quizá debido a que el mismo iniciador del confucianismo tuvo esta actitud de constante añoranza del pasado, los seguidores de esta religión han mantenido siempre una actitud renuente a las reformas y afín a conservar las tradiciones.

El conservadurismo de Confucio se refleja en su actitud hacia el sistema de estratificación social. Si bien es progresista comparado con los pensadores de su época y el entorno en que vivió, si se lo compara con otros grandes maestros de la Humanidad, resulta ser casi un reaccionario en este aspecto. Tanto Buda como Jesús, a pesar de que vivieron en épocas y culturas en las que el nacimiento determinaba el rango social, supieron ver que la división social atentaba contra la condición humana y predicaron la igualdad de todos los seres humanos. Sin embargo, Confucio jamás manifestó rechazo alguno contra el orden social reinante.

En sus *Analectas*, abundan las menciones y explicaciones exhaustivas de las normas sociales y de cortesía. Esto evidencia el enorme interés que tenía Confucio en las buenas normas que creía perdidas en su época, pero también demuestra que no era un revolucionario sino una persona que buscaba cambios y reformas en el interior del sistema.

No obstante, por sobre todas las cosas, es necesario resaltar el humanismo de Confucio. El objeto de todos sus intereses es siempre el hombre, el ser humano. Si bien algunos estudiosos tienen sus dudas de que ese ser humano del que habla Confucio sea un hombre universal sin limitaciones de clase o de género, lo cierto es que todas las ideas de Confucio giran en torno al ser humano.

Se cuenta que una vez se incendió un establo durante la noche. A la mañana siguiente, lo primero y lo único que preguntó Confucio fue si no se había lastimado nadie. Si consideramos que el establo de la antigüedad era el garaje de hoy y que los caballos equivalían a los automóviles caros y veloces que tanto valoramos en nuestros días, resulta revelador que Confucio no haya preguntado sobre los daños materiales del siniestro sino únicamente sobre las pérdidas humanas.

Confucio como ser humano

En las *Analectas* aparecen muchos rasgos de Confucio como ser humano. Uno de los ejemplos más citados es su reacción al enterarse que había fallecido su discípulo más querido Yan Hui, al que Confucio elogió diciendo que llevaba a la práctica de la virtud de la benevolencia mejor que él mismo. Cuando este discípulo murió tempranamente a los treinta y tantos años, el maestro lo lloró a lágrima viva exclamando que el Cielo lo había abandonado.

Confucio dio también prueba de su humildad en varias ocasiones. La gente lo elogiaba llamándolo hombre santo y virtuoso, pero él rechazaba estos calificativos diciendo: “Esas alabanzas no van conmigo, pero sí es verdad que no me aburro practicando las virtudes y que no me canso enseñando a los demás”.

Confucio fue también un hombre de personalidad madura y equilibrada. Prueba de ello es que poseía un gran sentido del humor, entendiendo esto como la capacidad de reírse de sí mismo. Un día Confucio se apartó del grupo de discípulos que lo seguía, de modo que uno de ellos tuvo que preguntarle a un transeúnte si había visto al maestro. El transeúnte, después de describirlo de manera bastante cómica y de decirle dónde lo había visto, terminó de responder añadiendo el poco feliz comentario de que parecía un perro perdido. Cuando el discípulo se encontró con Confucio, le transmitió al pie de la letra lo que le había dicho el transeúnte. En lugar de ofenderse o enfadarse, Confucio se rio con ganas admitiendo que en verdad había tenido ese aspecto.

Tzu Lu fue otro de los discípulos favoritos de Confucio. Si a Yan Hui le tuvo especial aprecio por su virtud y bondad, a Tzu Lu lo quiso por su lealtad y rectitud inquebrantables. En las *Analectas* aparecen solo dos anécdotas relacionadas con mujeres y la que narraremos a continuación trata sobre una de ellas. La esposa de un hombre poderoso le pidió una entrevista personal a Confucio y el maestro se la concedió. Como en la época estaba muy mal visto que un hombre y una mujer se encontraran a solas en una habitación cerrada, Tzu Lu recriminó a su maestro sin miramientos, a lo que Confucio le respondió perplejo y a toda prisa: "Te juro que no he hecho nada que vaya en contra de la cortesía. ¡Que el Cielo me maldiga si no digo la verdad!". En esta respuesta, que es casi una justificación de inocencia, se trasunta la humanidad de Confucio al verse criticado por su discípulo.

2.2. Los Cuatro Libros

Los llamados "Cuatro Libros y Cinco Clásicos" son los textos que ilustran los valores fundamentales y el sistema de creencias del confucianismo y sirven como introducción general y básica a esta religión. De ellos nos interesan en especial los Cuatro Libros, que están constituidos por los textos *Gran saber, Doctrina de la medianía, Analectas de Confucio* y *Mencio*.

El libro de las *Analectas de Confucio* fue considerado desde el principio como el texto fundamental del confucianismo. *Mencio*, en cambio, fue considerado como tal recién en la época de la dinastía Song (960-1279). Por otra parte, *Gran Saber y Doctrina de la medianía* fueron al principio dos capítulos internos del libro *Clásico de los Ritos*, que terminaron siendo editados posteriormente como textos independientes. Aunque no se sabe cuándo exactamente ocurrió eso, cobraron importancia junto con las *Analectas* y *Mencio*, cuando los hermanos neoconfucianistas Cheng Hao y Cheng Yi (s. XI) les dieron la consideración de textos doctrinales básicos. Sin embargo, el erudito neoconfucianista que acabó por darle a los textos de los "Cuatro Libros y Cinco Clásicos" el valor de "canon confuciano" fue

Retrato de Zhu Xi, erudito de la dinastía Song, que fue la figura más prominente del neoconfucianismo

Zhu Xi, que vivió entre los años 1130 y 1200.

Cabe preguntarse por qué se conformó en este período de la dinastía Song el sistema de textos fundamentales del confucianismo. En esta época, estaba en plena expansión el budismo, al que los chinos consideraron al principio como una creencia extranjera y bárbara. Eruditos como los hermanos Cheng Hao y Cheng Yi y Zhu Xi intentaron frenar ese avance con una contraofensiva filosófica que reafirmase el orgullo nacional, la cual fue el movimiento neoconfucianista. En esta época se desarrolló la teoría de los principios naturales de la razón y la energía (el *li* y el *qi*) y se crearon las teorías metafísicas sobre la naturaleza humana y del cosmos con conceptos extraídos del taoísmo y el budismo. Asimismo se codificaron los textos canónicos y se les añadieron extensos comentarios interpretativos.

Los libros *Doctrina de la medianía* y *Gran Saber*

La primera frase que se lee en *Doctrina de la medianía* dice lo siguiente: "Se denomina naturaleza innata a lo que el Cielo le ha conferido al hombre". Esta frase es la que se esgrime indefectiblemente para probar que el confucianismo es una religión y no una mera ética social. También explica claramente por qué el hombre es un ser moral, es decir, un ser que debe actuar bondadosamente. La respuesta confuciana a esta pregunta es muy simple: el hombre debe actuar con bondad porque ha recibido del Cielo esa naturaleza bondadosa innata. En otras palabras, vivir de acuerdo a la naturaleza humana es vivir practicando la bondad.

El neoconfucianismo hace equivaler la naturaleza celestial al *taeji* (el principio generador de todas las cosas y origen del *yin* y el *yang*) y afirma que en todos los hombres está repartido y grabado este principio racional. Es como la luna que se divide en miles de lunas al reflejarse en innumerables ríos y lagos.

En la *Doctrina de la medianía* también se afirma que la esencia del Cielo es la sinceridad absoluta y que el ser que perfecciona y hace posible esa esencia es el ser humano, lo que es otra prueba de la relación indeclinable que hay entre el Cielo y el hombre. Es precisamente esta sinceridad la que los neoconfucianistas afirman que el hombre debe perseguir como "medianía", que puede entenderse como "equilibrio" o "moderación". Su consecución es tan difícil que Confucio dijo que le sería más fácil gobernar un reino o bailar sobre el filo de un cuchillo rechazando cargos y riquezas, que mantener esa medianía de manera constante.

Al libro *Gran saber* pertenece la famosa frase confucianista que dice que cuando se cultiva a la persona y se administra bien a la familia, se gobierna el reino y hay paz en el mundo. Pocos saben que antes de este proceso de expansión moral compuesto de cuatro niveles, existen cuatro niveles previos. En efecto, antes de cultivar el espíritu, primero hay que investigar las cosas, alcanzar la sabiduría, ser absolutamente sincero y mantener la rectitud del corazón. Solo cuando se cumplen estas cuatro etapas previas, se puede alcanzar el primer nivel que es el del cultivo del espíritu. Y recién después que se ha cultivado el cuerpo y el espíritu y se tiene bien ordenada la familia, se puede intervenir en los asuntos de gobierno y alcanzar en última instancia la sociedad ideal confucianista.

En el *Gran Saber* se habla también de los llamados Tres Credos: "Cuando se hace brillar la virtud y se renueva al pueblo, se permanece en la bondad". Dicho de otro modo, cuando uno se esfuerza por aprender y cultivarse y por practicar el bien hacia los demás, alcanza la virtud última de la bondad.

Otra frase que aparece en este libro y que proporcionó mucha materia de interpretación a los neoconfucianistas de las generaciones posteriores fue: "Hay que perfeccionar el conocimiento a través del estudio de la razón o lógica que rige las cosas". El neoconfucianismo le dio una importancia capital al estudio de la razón última que rige el mundo. Zhu Xi sostuvo que se debía estudiar la lógica objetiva que rige las cosas desde el exterior, mientras que Wang Yangming, un erudito neoconfucianista posterior que vivió durante la dinastía Ming (1472-1529), sostuvo que esa razón o lógica no debía buscarse fuera del hombre sino en el alma humana.

2.3. La práctica de la benevolencia

Así como el budismo puede definirse como la religión de la compasión y el cristianismo como la del amor, se puede decir que el confucianismo es la religión de la benevolencia. La benevolencia o *ren*, que se traduce también como altruismo y humanitarismo, es una fuerza interior innata que lleva al hombre a servir a sus congéneres. Esta virtud esencial engloba y completa las demás virtudes y constituye la máxima aspiración de los confucianistas, la meta de todos sus estudios y esfuerzos.

Existen innumerables explicaciones del ideograma *ren* (仁), pero la más conocida y corriente es la que considera que está constituida por el signo de "persona" (人) y el de "dos" (二). De este modo, los estudiosos explican que la ética básica tiene su origen en el modo que una persona debe tratar a otra. Sin embargo, antes de que Confucio le diera el sentido de virtud máxima, *ren* significaba simplemente belleza física, docilidad de carácter o amor entre padres e hijos.

Definición y práctica de la benevolencia

En las *Analectas*, cuando uno de los discípulos le pregunta a Confucio qué es la benevolencia, Confucio responde diciendo que es reprimirse a sí mismo y obedecer las reglas de cortesía[2]. Esto es, refrenar el egoísmo personal y seguir las reglas de comportamiento que regulan la comunidad. Para el confucianismo, refrenar el egoísmo personal equivale a cultivar el espíritu y obedecer las reglas de la cortesía equivale a respetar las reglas sociales para que todos puedan vivir en una sociedad pacífica y tranquila.

La pregunta natural que surge a continuación es cómo se practica o se lleva a cabo la benevolencia. Confucio responde con otra frase famosa en la que dice que aquello que no se conforma con la cortesía no merece ser siquiera considerado: "Si no es cortés, no hay que mirar, escuchar, hablar ni moverse". Sin embargo, debido a una interpretación muy literal y simplificada de este término "cortesía" o *li*, con el correr del tiempo el confucianismo le puso demasiado énfasis a las reglas y los ritos.

Confucio también dijo que si se reprimiera el egoísmo y se siguieran las reglas de cortesía por un día, todo entraría bajo la órbita de la benevolencia, lo cual es una forma de recalcar que el cultivo del espíritu es la base de la armonía social. Por esta razón, Confucio agrega a continuación que la práctica de la benevolencia debe comenzar primero en uno mismo y que no se debe esperar a que la practiquen los demás.

La regla dorada del confucianismo: la lealtad y el perdón

Uno de los discípulos de Confucio manifiesta que las enseñanzas del maestro pueden sintetizarse bajo el principio de la lealtad (忠) y el perdón (恕). Lealtad equivale a "fidelidad" y consiste en amar a los demás como uno se ama a sí mismo, mientras que perdón equivale a "compasión" y consiste en tratar a los demás como uno se trata a sí mismo.

---

2) El término en chino es 禮 (*li*), que significa costumbre, moral, etiqueta y en general todas las reglas de comportamiento social.

En otra ocasión, otro discípulo le pide una regla dorada que pueda seguir toda su vida y Confucio le responde que es la compasión. A continuación explica su significado diciendo que consiste en no hacer a los demás lo que no nos gusta que nos hagan a nosotros. Así pues, "lealtad" es la manera activa de practicar la benevolencia y "compasión" la manera pasiva.

Sin embargo, esto no debió parecerle suficiente a Confucio, puesto que no se limitó a enseñar que no debemos perjudicar a los demás sino que, yendo todavía más lejos, enseñó que uno debe llevar a la práctica lo que le gustaría que los demás hicieran por él. Es la famosa frase de Confucio que dice: "Si quieres levantarte, levanta primero a otro, y si quieres que te vaya bien a ti, ayuda a otro".

Es importante recalcar que la regla de "piensa primero en tu prójimo" no se basa en un mero principio de cortesía o convivencia social. Desde una dimensión mucho más elevada, Confucio pensaba que las cosas debían ser de este modo porque así era la naturaleza del cosmos. Debido a que formamos parte de un todo, pensaba que beneficiar al prójimo a la larga redundaba en beneficio de uno mismo desde una perspectiva macroscópica. Es exactamente la misma idea que está en la base de la compasión o piedad budista.

El amor confuciano: la piedad filial

Confucio dijo que otra manera de expresar la benevolencia o *ren* era el amor a las personas. Sin embargo, este amor confuciano es muy diferente del amor al prójimo cristiano. El amor confucianista comienza en la piedad filial (孝, *hyo* en coreano), es decir, en el amor y respeto a los padres. De entre todos los sentimientos positivos que pueden existir entre las personas, el confucianismo pone en primer lugar el amor de los hijos hacia los padres.

Como consecuencia de ello, el amor entre el hombre y la mujer queda relegado al último lugar.

Cuando en la sociedad tradicional entraban en conflicto distintos valores, la piedad filial era la que prevalecía siempre. Por ejemplo, si un general que había la recibido la orden de partir al frente de batalla sufría la desgracia de que fallecieran repentinamente sus padres, por mucho que el país necesitara urgentemente de sus servicios, él debía dirigirse primero a su tierra natal para celebrar el funeral de sus progenitores. Si no lo hacía de este modo, podía ser castigado por haber violado la regla máxima de la piedad filial.

Si bien hay menciones sobre el amor y los cuidados que los padres deben prodigar a sus hijos o los hermanos mayores a los menores, lo cierto es que en el confucianismo se le da importancia primordial al modo en el que se debe tratar y respetar a los mayores. De hecho, después de la piedad filial, el

Puerta y edificio al fondo que alberga una estela que conmemora el título de hyoja (hijo piadoso) otorgado por el rey a un vasallo

segundo sentimiento en importancia es la obediencia al hermano mayor.

Cabe preguntarse si así como se debe amar y respetar a los propios padres, se debe extender este sentimiento a los padres de los demás. La respuesta es negativa. Al respecto, Mencio critica duramente a Mozi, otro filósofo muy importante de la época y fundador del mohismo, por sostener que había que amar a los padres de los demás del mismo modo que a los propios. Por su parte, Mozi critica al confucianismo por propugnar un amor discriminatorio. En efecto, el confucianismo sostiene un amor que se puede definir como gradacional, puesto que no es el mismo amor para todos y existe un amor que es prioritario por sobre todos los demás.

Naturalmente el amor confuciano no se termina en la piedad filial. Ese amor se debe extender a la familia, a los vecinos y a todo el mundo para crear el Estado ideal confucianista. De hecho, se consideraba a la familia como una prefiguración del Estado y el Estado en sí era visto como una gran familia en la que debía haber afectos, relaciones y obligaciones morales. Sin embargo, una de las falencias que mostró el confucianismo a lo largo de la historia es que pocas veces logró extender ese amor filial a toda la sociedad y en la mayoría de los casos los intereses de la familia o del clan prevalecieron por sobre los del reino.

El énfasis en la piedad filial es todavía más fuerte en Mencio que en Confucio. Para este la piedad filial era el primer paso para llevar a la práctica la benevolencia o *ren*, pero para Mencio la piedad filial era la piedra angular de la doctrina. Por esta razón, la mayor "impiedad" que se podía cometer hacia los padres era no tener hijos varones que continuaran el linaje y esta preferencia exacerbada por los hijos varones echó raíces definitivamente en la sociedad confucianista a partir de Mencio.

Mencio fue revolucionario en las ideas políticas que propugnó porque puso al pueblo por encima de todas las cosas. Por ejemplo, sostuvo que era éticamente correcto matar a un monarca si se convertía en un tirano y no gobernaba bien a su pueblo. Sin embargo, mantuvo una idea sumamente rígida sobre la piedad filial, puesto que la antepuso a los intereses del Estado y la sociedad. Una vez le preguntaron qué debía hacer un rey si su padre hubiera cometido un asesinato. Entregar a su progenitor a la justicia sería violar la máxima de la piedad filial y ocultar el hecho sería violar las leyes. Mencio contestó que denunciar al padre a la justicia era una "impiedad", de modo que lo debía hacer el rey era escapar con su padre a un sitio muy alejado donde no lo alcanzara la ley y pasar el resto de su vida cuidándolo.

Esta respuesta de Mencio desencadena una serie de cuestionamientos muy válidos. Si la ley debe ser igual para todos, ¿está bien que el rey, que debería ser el primero en respetar la ley, se burle de ese modo de la justicia? En segundo lugar, ¿cómo puede el rey, que tiene la responsabilidad de velar por la paz y la tranquilidad a su pueblo, abandonar su posición y escapar lejos con su padre? Por último, si el hijo del hombre asesinado se pusiese a perseguir al asesino para vengar a su padre y lo alcanzase en su escondite, el rey tendría que pelear a vida o muerte con él para defender a su padre. Los dos estarían librando una lucha totalmente válida desde la ética confucianista, ya que ambos obrarían por amor a sus progenitores, ¿cómo pueden entonces ser enemigos y que sus valores entren en conflicto? Son las

Retrato de Mencio

paradojas que el confucianismo de Mencio deja insolubles.

Otros aspectos de la benevolencia

La benevolencia confucianista no es un amor incondicional. Un día un discípulo le preguntó a Confucio si se debía corresponder con benevolencia al odio del enemigo y el maestro respondió que no, diciendo que al odio había que corresponder con la rectitud pero no con la benevolencia, puesto que sería un derroche inútil. Como se puede apreciar, la actitud de Confucio es bastante realista y es muy diferente de la enseñanza cristiana o budista que dice que hay que poner siempre la otra mejilla y perdonar a todos los enemigos.

Es preciso recalcar también que la benevolencia no es una virtud a la que se pueda renunciar o llegar fácilmente. Para practicarla hay que estar dispuesto a dar todo de sí, incluso la vida. Cuando le preguntaron a Confucio qué había que elegir en una situación en que la práctica de la benevolencia implicaba la pérdida de la vida (o a la inversa, cuando el aferrarse a la vida implicaba ir en contra del bien), el maestro respondió que se debía elegir el acto de benevolencia y renunciar a la vida.

Confucio también dijo que la riqueza y la fama son cosas que desean todos los seres humanos, pero que si alcanzarlas implica un menoscabo de la benevolencia, es preciso renunciar a ellas. Del mismo modo, aunque la pobreza es algo que no desea nadie, si escapar de ella significa un daño para los demás, no se debe intentar dejar de ser pobre a cualquier costo.

2.4. La observación de la rectitud

La virtud de la justicia o rectitud (*yi*, 義) fue enfatizada especialmente por

Mencio. Muchas veces la rectitud aparece contrapuesta en el confucianismo al concepto de ganancia (利), puesto que el beneficio personal supone un alejamiento de la generosidad que caracteriza al humanitarismo o benevolencia. La rectitud puede definirse, pues, como los imperativos morales que se deben acatar con el fin de realizar la virtud principal de la benevolencia.

Sin embargo, la rectitud no se refiere solamente a los principios morales que se deben seguir en todo momento sino también a las acciones adecuadas para cada una de las situaciones particulares. En el libro *Doctrina de la medianía*, se dice que la rectitud es lo correcto, por lo tanto es también lo adecuado para cada una de las circunstancias. Esto significa que si bien los principios morales son fijos, eso no significa que deben seguirse a rajatabla en todas las ocasiones sino que siempre hay que buscar lo más adecuado, la justa medianía, en cada una de las circunstancias.

Esto puede ilustrarse de un modo más fácil. A Mencio le preguntaron una vez lo siguiente: "Si la esposa de mi hermano mayor se ha caído al agua, ¿debo salvarla aunque deba cogerla de las manos o dejar que se ahogue?". Esta pregunta tiene sentido si se tiene en cuenta que en aquella época tomar las manos de una mujer que no era la propia esposa era considerado como una falta moral grave, más aún cuando se trataba de una cuñada. Sin titubear en lo más mínimo, Mencio responde que en esa circunstancia lo correcto o adecuado es salvar a la persona que se ahoga, aunque se viole la norma de no tomar de las manos a la cuñada.

En Occidente, la rectitud o justicia son conceptos más sociales que personales. Sin embargo, en el confucianismo se le da más importancia al aspecto personal, como se comprueba en la respuesta que da Confucio a la pregunta de qué debe hacer un rey con su padre asesino. Por muy rígidas que fueran las normas, leyes y principios morales, perdían su fuerza cuando atañían a la familia y, sobre todo, a los padres. Por esta razón, el concepto de rectitud o justicia confuciana no llegó a superar la ética familiar o clánica para desarrollarse como un concepto de justicia social.

2.5. La posesión de la cortesía

La cortesía o regla de comportamiento social (*li*, 禮) es la expresión exterior u envoltorio de la virtud máxima de la benevolencia. La benevolencia no puede expresarse de cualquier modo sino según las maneras atávicas que aprueba y reconoce la sociedad a la que uno pertenece.

Sin embargo, Confucio manifiesta que no está bien aferrarse ciegamente a las costumbres existentes que se han tornado inútiles o han perdido su razón de ser. Al parecer, en la época de Confucio, cuando se realizaba el culto a los ancestros, los participantes debían usar un gorro o sombrero hecho con hilo de cáñamo, pero la gente utilizaba sombreros de seda por ser más práctico y económico. Al respecto, Confucio aprueba este cambio, puesto que eso no daña el espíritu del culto y no redunda en gastos superfluos.

Rito de veneración a Confucio que se celebra en el día de su nacimiento en su pueblo natal de Qufu, China

No obstante, no siempre se muestra tan flexible. Originalmente cuando un vasallo se entrevistaba con el rey, debía hacerle una reverencia antes de subir los escalones para acercarse al trono, pero al parecer en su época se había perdido esa costumbre. Al respecto, Confucio no aprueba la tendencia reinante y manifiesta que él efectuaría la reverencia previa, puesto que el no hacerlo supone una falta de respeto hacia el monarca.

Como se puede apreciar, hay que conocer bien las maneras sociales, pero también hay que saber interpretarlas y aplicarlas adecuadamente, lo cual no es una cuestión nada fácil.

Los Tres Lazos y los Cinco Principios Morales

Las costumbres y reglas sociales enseñan la manera de comportarse, permitiendo que las relaciones humanas se desenvuelvan de la manera más armónica. Estas normas o imperativos sociales tomaron forma en los primeros tiempos del confucianismo y Mencio fue el que las fijó con el nombre de Tres Lazos y Cinco Principios Morales (三綱五倫). Los Tres

Los Tres Lazos y los Cinco Principios Morales grabados en una medalla

Lazos son las relaciones básicas de rey-súbdito, padre-hijo y esposo-esposa y los Cinco Principios Morales son los imperativos que sustentan estas tres relaciones. El primer principio dice que la relación de padre e hijo debe basarse en el afecto. El segundo dice que la relación de rey y súbditos debe asentarse en la rectitud. El tercero dice que la relación de esposos debe sustentarse en la diferenciación. El cuarto dice que la relación de mayores y menores debe fundamentarse en el orden y la jerarquía. El quinto dice que la relación de amistad debe apoyarse en la confianza.

De toda la doctrina confucianista, nada tuvo mayor influencia en la vida cotidiana del pueblo que estos cinco principios morales. El primero de todos ellos habla de la relación de padres e hijos, lo cual denota la enorme importancia que tiene la piedad filial en el confucianismo. El tercer principio que dice que la relación de esposos se sustenta en la diferencia indica no solo que los roles genéricos deben estar bien definidos sino que existe una diferenciación, una discriminación sexual, que es un tema del que hablaremos más adelante. Vale la pena observar también que salvo este tercer principio en el que hay una mención directa de la mujer, todos los demás principios se refieren únicamente a los varones, puesto que eran los únicos a los que se les estaba permitida una vida social fuera del hogar.

Si bien en la actualidad todos estos principios han perdido su fuerza, existe uno que aún hoy sigue teniendo vigencia y es el cuarto, que dice que hay una jerarquía que se debe respetar entre los mayores y los menores. Es por esta razón que en Corea y otros países de Oriente importa tanto la edad en las relaciones sociales.

La música como complemento

Al principio todas las reglas se crean por alguna buena razón, pero con el paso del tiempo se anquilosan e incluso se vuelven perjudiciales. Lo peor es que una vez que las reglas se fijan, resulta sumamente difícil modificarlas o erradicarlas por muy baladíes que sean.

Previendo esta tendencia al anquilosamiento de la cortesía, Confucio hizo hincapié en la importancia de la música como una manera de atenuar la inflexibilidad de las normas. Como estas siempre indican deberes que cumplir, traen aparejados tensiones y conflictos, puesto que son esquemas de comportamiento fijos a los que hay que amoldarse obligatoriamente. Confucio dice que la música purifica el alma y libera las tensiones y los conflictos originados por la cortesía, por lo que siempre deben ir siempre juntas.

Cuando la cortesía y la música no se complementan mutuamente, surgen los problemas. Aquellos que solo saben de reglas y normas, se tornan inflexibles y obcecados; mientras que los que solo persiguen la música, se vuelven indecisos y débiles de voluntad. Dando el ejemplo, el propio Confucio disfrutaba tocando la cítara y sabía hacerlo con un arte superior al corriente.

Confucio manifiesta en otra ocasión que cuando los estudiantes aprenden poesía, se despiertan sus sentimientos; que cuando aprenden la cortesía, se afirman; y que cuando aprenden música, se perfeccionan. De este modo dejó en claro que además de la educación del intelecto, es importante la educación emocional a través de la cortesía y la música. Como se puede apreciar, no se quedó atrás de los grandes filósofos occidentales Aristóteles y Platón en el énfasis que puso sobre las excelencias que tiene la música en la educación de los jóvenes.

Sin embargo, no se le prestó debida atención a la música en el desarrollo posterior del confucianismo. Esto se observa especialmente en el neoconfucianismo coreano, en el que prevaleció la opinión de que los estudiosos se

Confucio pensaba que la música afinaba las virtudes del hombre

alejaban de los elevados ideales cuando se dedicaban a tocar instrumentos musicales. En consecuencia, aunque sabían deleitarse con la música, pocos tocaban directamente los instrumentos y preferían escuchar la interpretación de los músicos y los profesionales del entretenimiento. Aun así, se consideraba que este tipo de personas pertenecía a los escalafones más bajos de la sociedad.

2.6. El imperativo de proporcionar paz y bienestar al prójimo

Para el confucianismo, la meta de la política era proporcionar seguridad y estabilidad a las personas. Según Confucio, hacer política no es solo gobernar un país sino enderezar las relaciones humanas. En realidad, la política fue el objeto prioritario no solo de los confucianistas sino también de las Cien Escuelas de Pensamiento que surgieron en la época[3]. Todos los

3) Las Cien Escuelas de Pensamiento son una serie de filósofos y escuelas que surgieron en China entre los años 770 y 221 a. C. A pesar de que este período estuvo repleto de caos y guerras —conocido en su época más temprana como

filósofos de entonces se abocaron a la tarea de reflexionar sobre la manera de aminorar el caos reinante e instalar una paz estable y duradera. Como se puede apreciar, la filosofía china tuvo desde el principio un carácter práctico y político y fue poco inclinado a los temas metafísicos.

La política de la virtud

Al desmoronarse la dinastía Zhou, los señoríos feudales en los que se dividió el reino se disputaron la supremacía alegando cada uno por su parte que eran los verdaderos herederos de Zhou. Fue una época de continuas guerras y caos que se conoce como el período de Primaveras y Otoños. Como vimos atrás, la solución que predicó Confucio para la confusión reinante fue la restauración de la cultura y el espíritu de la dinastía derrocada.

Según Houston Smith en su libro *Las religiones del mundo*, el pensamiento político de Confucio se encuentra a medio camino entre lo que predicaban los legistas y los mohistas. Los primeros no confiaban mucho en la bondad de la naturaleza humana, pues sostenían que las personas se dejaban gobernar solo a través de la fuerza o la recompensa. A resultas de ello, decían que debían promulgarse leyes estrictas que mantuvieran al pueblo bajo férreo control.

Oponiéndose a los legistas, Confucio sostenía que los seres humanos eran buenos por naturaleza. Según el maestro, la política no se practica a través de leyes o la fuerza sino a través de la virtud. Cuando los gobernantes cultivan el espíritu y practican la virtud, el pueblo, debido a su naturaleza

período de Primaveras y Otoños y período de los Reinos Combatientes en su última parte – , también es reconocido como la Edad de Oro de la filosofía china por el amplio espectro de pensamientos e ideas que se desarrollaron y discutieron.

bondadosa, sigue naturalmente su ejemplo. En cambio, si se gobierna solo con leyes y castigos, el pueblo se esfuerza únicamente por evitar las sanciones sin sentir responsabilidad moral alguna. Para Confucio y Mencio, el gobierno ideal era, pues, una monarquía que gobernara a través de la virtud y la cortesía.

El primer aspecto problemático de esta concepción política es que no existen mecanismos para prevenir o poner restricciones a la corrupción de la clase gobernante. Tampoco se puede evitar que los ministros conspiren para neutralizar el poder del rey y hacer lo que se les venga en gana.

En contraposición a los legistas que menospreciaban las buenas intenciones y enfatizaban solo la coherción, los mohistas sostenían el amor universal. Junto a la idea de que se debía amar a todo el mundo, sostenían que se debía rendir dedicación absoluta al bien común. Confucio y Mencio, en cambio, cuestionaron a los mohistas dudando de que fuera posible amar a alguien que no se conoce. Para estos, el amor comienza en la familia, en el amor filial a los padres y la obediencia a los hermanos mayores, y posteriormente, por extensión y semejanza, se va extendiendo paulatinamente a los vecinos, al reino y luego a la humanidad entera.

La rectificación de los nombres

Cuando a Confucio le preguntan qué es la política, responde que es la "rectificación de los nombres". Para Confucio, los nombres de las cosas deben coincidir con la realidad que designan: "Los reyes deben comportarse como reyes, los ministros como ministros, los padres como padres y los hijos como hijos". En cambio, si se denomina a una cosa con un nombre que no le corresponde, se comete un error. Por ejemplo, si a un usurpador se le llama rey, se comete un error, ya que no es un verdadero rey.

"Si los nombres no son correctos, las palabras no se ajustarán a lo que representan; y si las palabras no se ajustan a lo que representan, lo asuntos no se realizarán. De ahí que la primera tarea de un estadista sea el rectificar los nombres". La redefinición o clarificación de los conceptos, es decir, el llamar a las cosas por su nombre, es fundamental en la administración política porque deja en claro qué es lo que merece premio y qué es lo que merece castigo, lo cual hace que todo el mundo sepa cómo debe obrar. Si los nombres de las cosas no sea ajustan a lo que representan, inducen al engaño. La confusión resultante, que muchas veces es interesada, es siempre causa de ineficacia. A la larga la acción se vuelve imposible, todos los asuntos humanos se desintegran y el gobierno se vuelve sin sentido e imposible.

La confianza en el gobierno

En otra ocasión, cuando le preguntan a Confucio cuál se puede prescindir en primer lugar de los tres elementos principales que se necesitan para administrar un país, como son los alimentos, el poder militar y la confianza, Confucio responde que en primer lugar se puede prescindir del poder militar y en segundo lugar de los alimentos, pero que la confianza es imprescindible, pues cuando el pueblo no confía o no cree en su gobernante, ese gobierno no puede sostenerse por mucho tiempo.

La afirmación de Confucio no resulta nueva para estos días, pero si se considera la situación política de la época, esta visión política es realmente revolucionaria. Hasta la Revolución Francesa, que puso sobre el tapete los derechos de la gente común, el pueblo no fue otra cosa que objeto de dominio y expolio, sea en Oriente o en Occidente, por lo que a nadie se le pasó por la cabeza antes de Confucio que los reyes debían esforzarse por ganarse la confianza de su pueblo.

Heredando las enseñanzas del maestro, Mencio afirma que lo más valioso de un reino es el pueblo; en segundo lugar, el altar donde se realiza el culto a los espíritus protectores; y por último, el rey. Como se puede apreciar, tanto Confucio como Mencio fueron filósofos extraordinarios que, en contraposición a los de su época, propugnaron la democracia y le dieron importancia primordial al pueblo.

Si pensamos en la situación política del momento, en la que los señores feudales no tenían en la mente otra cosa más que expandir su territorio y su poder, y nos imaginamos a Confucio tratando de convencer a estos reyezuelos de que el pueblo era lo más importante del reino y que se debía ganar su confianza, no hay duda que el maestro fue un idealista.

Las ideas de Confucio y Mencio sobre la economía

Como otros grandes filósofos, Confucio no hizo muchas alusiones al tema de cotidiano de la subsistencia. Aún así, se puede concluir que su concepto de la economía se basa en la repartición equitativa. Esto no significa que todos tengan lo mismo sino que la distribución sea justa. Confucio pensaba que la distribución equitativa era una condición básica para que existiera armonía en la familia y el reino, y por esta razón manifestó que se debía compartir entre todos tanto la escasez como la abundancia. Una vez un discípulo suyo muy inteligente pero demasiado materialista se convirtió en consejero de un señor feudal muy poderoso y, con el fin de aumentar las arcas de su señor, creó impuestos excesivos que hicieron más dura y difícil la vida del pueblo. Cuando Confucio se enteró de esto, se enfadó sobremanera diciendo que ya no lo consideraba discípulo suyo. Por otra parte, si bien Confucio no rechazó la actividad ni las ganancias comerciales, se mostró pasivo para la actividad económica y no realizó referencias concretas respecto de los medios para ganarse la vida.

En cambio, Mencio sí hace mención de políticas económicas concretas. En particular, presenta un sistema de recaudación del impuesto a la tierra, que consiste en dividir los terrenos en nueve partes iguales (井) y dedicar el trabajo de la parcela del centro a pagar el impuesto. También recomienda enfáticamente el sistema del diezmo, es decir, la práctica de entregar la décima parte de las ganancias que tenía el antiguo reino de Zhou. Sin embargo, lo más destacable de Mencio es que manifiesta que es básico asegurarle al pueblo su sustento. Para este filósofo, la política no consiste en otra cosa que evitar las guerras y las labores forzadas, con el fin de que el pueblo pueda dedicarse sin sobresaltos al cultivo de la tierra y la cría de ganado para procurarse su alimento.

Naturalmente la procuración del sustento no es una meta en sí. A diferencia de los animales que solo buscan comer y procrear, los seres humanos tienen el deber moral de cultivar las virtudes. Sin embargo, para poder hacer esto es necesario que tenga asegurado lo mínimo para comer y vestirse. Los *junzi* u hombres nobles no abandonarán las virtudes aunque no tengan los medios de sustento, pero no se puede esperar que el pueblo haga lo mismo. En consecuencia, el primer deber de los políticos es crear y mantener las condiciones de paz y estabilidad para que el pueblo pueda dedicarse a las tareas para procurarse el sustento, desplegar su naturaleza bondadosa y desarrollar las virtudes confucianas de la benevolencia, la rectitud, la cortesía y la sabiduría.

2.7. Las características del hombre noble

Confucio utiliza el término de “hombre noble” (君子)[41] para describir su ideal de hombre. Es descrito repetidas veces en las *Analectas* y la mayoría de las veces aparece en oposición al hombre bajo o vil (*xiaoren*, 小人, *soin* en coreano). Se trata de una cualidad ética, lograda mediante la práctica de la virtud y fortalecida a través de la educación. En primer lugar, el hombre noble es una persona grande de corazón que no se inclina nunca hacia un solo lado. En cambio, el hombre bajo tiene un corazón parcial y gusta de hacer comparaciones todo el tiempo.

El hombre noble no es solo magnánimo, también tiene la determinación necesaria para no ir en contra de las virtudes, aunque eso represente un riesgo para su vida. Al mismo tiempo, es lo suficientemente flexible como para contemplar las circunstancias particulares sin traicionar sus principios. Por todas estas razones, siempre reina la armonía en sus relaciones con el entorno y no crea diferencias ni partidismos, ya que trata y valora a todo el mundo por igual en base a sus virtudes morales y su educación.

Confucio expresa también que no está bien que el hombre noble se incline hacia un único arte, pues su prioridad es elevar el espíritu para se manifieste en todas las cosas y no en una sola. Es por esta razón que los antiguos nobles coreanos del período Joseon fueron tan reacios a dedicarse a una tarea manual, tocar un instrumento o aprender una técnica especializada. En efecto, debido a la preeminencia que se le dio al cultivo del espíritu moral, los artesanos recibieron una escasa consideración social en el estado confucianista de Joseon, por lo que la industria y la técnica no tuvieron un gran desarrollo en este período.

En las *Analectas* también se dice que al reinar la armonía en su entorno, el hombre noble embellece a las personas. Dicho de otro modo, el hombre noble es una persona de quien se disfruta su compañía. El hombre noble no señala las faltas y los defectos de los demás sino que se esfuerza por valorar

---

4) *Junzi* en chino y *gunja* en coreano, "hombre noble" se traduce también como "hombre virtuoso", "hombre ejemplar o "persona superior".

Confucio, modelo de nobleza moral

plenamente las virtudes del otro. El hombre bajo, en cambio, es alguien que incomoda a los demás, pues critica mordazmente los defectos, realiza comparaciones odiosas y no ve más que errores y problemas en todas partes.

El hombre noble se culpa a sí mismo por sus limitaciones y no se enfada porque los demás no reconozcan sus virtudes. En lugar de preocuparse porque los demás no lo valoren lo suficiente, se preocupa por no saber reconocer las virtudes ajenas. Solo ve las faltas que él comete, pues es lo suficientemente generoso como para perdonar las ajenas. De este modo, el hombre noble considera que el origen de todo, tanto de lo bueno como de lo malo, se encuentra en sí mismo, por lo que siempre reflexiona sobre sus actos y procura corregirse. En cambio, el hombre bajo no hace más que esperar cosas de los demás, y cuando los otros no lo tratan o no le dan lo que él desea, no solo se queja y se enfada sino que se enemista con ellos.

Al tener equilibrio y paz interior, el hombre noble no solo tiene una apariencia sosegada sino que en verdad no sufre preocupaciones ni temor alguno. También sabe adaptarse a todas las circunstancias, por lo que es muy fácil de servir, aunque sea difícil de alegrar. Como no se molesta ni se queja por tonterías, las personas que lo sirven se sienten cómodas trabajando para él. Sin embargo, no es fácil alegrar al hombre noble, puesto que para ello hay que hacer un elevado ejercicio de la virtud. Por el contrario, el hombre bajo es difícil de servir, puesto que es exigente y crítico hasta en las cosas más nimias; pero es muy fácil de alegrar, puesto que está siempre abierto a recibir halagos y alabanzas.

Las personas autoritarias siempre tienen una actitud hostil hacia los demás y se encolerizan fácilmente. El hombre noble, en cambio, cuando se enfada

Biombo con los ideogramas y símbolos representando las ocho virtudes del confucianismo: la piedad filial, el respeto entre hermanos, la lealtad, la fidelidad a las promesas, la cortesía, la rectitud, la honestidad y la vergüenza.

con alguien, no lo hace llevado por la ira sino pensando en el bien del otro. De este modo, el verdadero maestro sabe mezclar dosis adecuadas de suavidad y severidad cuando enseña a sus discípulos con el fin de ayudarlos a alcanzar la madurez espiritual.

Aquí no se acaban las descripciones del hombre noble, pero baste agregar esta última: "El hombre noble habla lentamente, pero se mueve rápido". Es decir, el hombre noble reflexiona antes de hablar y no se queda en las meras palabras sino que las lleva a la acción. El hombre bajo, en cambio, habla con rapidez, pero se mueve lentamente. Es decir, es rápido para las promesas, pero lento para cumplirlas.

2.8. Los caminos para llegar a ser un hombre noble

Todos los hombres nacen con una naturaleza bondadosa que han recibido del Cielo, por lo que cualquier hombre recto y deseoso de cultivar las virtudes puede convertirse en un hombre noble o *gunja*.

La educación

Confucio creía firmemente que la educación es fundamental para que la naturaleza bondadosa que es innata en el hombre se desarrolle correctamente. Al punto de definirse a sí mismo como una persona que no se cansa nunca de aprender, Confucio manifestó una confianza absoluta en la educación.

La importancia que tiene la educación para Confucio se trasluce en esta frase con la que comienzan las *Analectas*: "No hay cosa más placentera que aprender y reforzar lo aprendido". La frase continúa diciendo que también es placentero que vengan los amigos de lugares lejanos y que si uno no se enfada aunque los demás no lo reconozcan, indudablemente es un hombre noble. A primera vista parecen frases que no guardan mucha relación entre sí, pero en realidad se están mencionando las etapas del proceso para llegar a la cima de la virtud, representada en el hombre noble. La primera frase es fácil de entender, puesto que alude al placer que siente el hombre cuando sube en la escala del conocimiento mediante el estudio. La segunda frase se enlaza con la primera, pues si los amigos vienen de muy lejos es porque vienen atraídos por la fama de los conocimientos alcanzados, ya sea con el fin de discutir sobre ellos o simplemente compartir la amistad. Si se ha llegado a este estadio, uno se ha convertido en un hombre noble al que no le importa el reconocimiento ajeno, puesto que nada espera de los demás.

Sin embargo, a pesar del enorme énfasis que pone Confucio en el estudio y la educación, no considera que el conocimiento sea la meta primordial de la vida, como se ve en esta recomendación que hace a sus discípulos: "En casa, sed buenos hijos; fuera de casa, sed respetuosos y cuidadosos, amad y confiad en los vecinos e id con personas buenas. Y si después de hacer todo esto os queda tiempo, entonces dedicadlo al estudio". Como se puede

Imagen de hombre noble dedicado a la lectura y al estudio

apreciar, Confucio pensaba que lo primero eran las cualidades humanas y que la adquisición de conocimientos mediante los libros venía en segundo lugar.

Esto dista mucho de lo que se concibe como educación en estos días, puesto que a los niños y jóvenes de hoy se les llena de datos y conocimientos, pero poco y nada se hace para darles formación moral y humana. Muchas personas achacan esta realidad al confucianismo que siempre hizo un gran hincapié en la educación, pero no saben que Confucio jamás consideró que la adquisición de los conocimientos fuese algo separado de la formación humana y moral. Para Confucio, los estudios y el conocimiento tenían razón de ser en la medida que servían para pulir la personalidad. En este sentido, la concepción confuciana del conocimiento fue sumamente práctica.

El amor por el estudio es una cualidad del hombre noble, pero este amor al estudio no es de ningún modo la mera acumulación de conocimientos librescos. Cuando le preguntaron a Confucio quiénes de sus discípulos poseían esta cualidad de amor al estudio, el maestro respondió que el único era Yan Hui: "Él no descargaba su ira en los demás y no repetía sus errores, pero lamentablemente murió pronto. Después de él no he conocido a otro que ame tanto el estudio". Así de difícil le resultó a Confucio encontrar a alguien que tuviera esta cualidad, puesto que amar el estudio no significa aprender de memoria lo que dicen los libros sino esforzarse por perfeccionar las virtudes humanas.

Los Cuatro Comienzos

Mencio fue el primero de los filósofos chinos en hablar de la naturaleza humana y en afirmar que esa naturaleza era esencialmente bondadosa.

Confucio enseñó que se debía practicar el bien, ser honesto, ser buen hijo y ser amable y modesto, pero nada dijo de por qué se debía vivir de esta manera.

La respuesta de Mencio a esta pregunta es que en el corazón de los seres humanos reside la moral, que es algo que no poseen los animales. Esta moral le fue concedida al hombre por el Cielo, por lo que es suficiente con seguir la intuición para ser buena persona. Esta moral innata en el hombre es lo que se conoce como los Cuatro Comienzos (四端): la compasión, la vergüenza, la consideración y el discernimiento del bien y el mal. Son cuatro sentimientos naturales que no se enseñan ni se aprenden, pero que existen en todo ser humano y lo orientan hacia el buen camino. Son una especie de brotes o raíces que, cultivadas, desarrollan respectivamente las virtudes confucianas de la benevolencia, la rectitud, la cortesía y la sabiduría.

De este modo, Mencio le proporcionó una base teórica –filosófica a la vez que religiosa– a la confianza empírica que manifestó Confucio en el hombre.

La bondad innata del hombre

Para probar que el hombre es naturalmente bueno, Mencio pone como ejemplo el hecho de que si una persona presencia que un niño se cae a un pozo, hará todo lo posible por salvarlo. No obrará de ese modo porque espera una recompensa sino llevado por el sentimiento natural de la compasión que tenemos todos.

La prueba, si bien es convincente, no es definitiva ni suficiente, puesto que no contempla el caso, igualmente plausible, de la persona que se queda de brazos cruzados si salvar al niño entraña un peligro para su vida. Tampoco explica por qué se producen los hechos de maldad y crueldad que suceden en el mundo continuamente. Para explicar estas “excepciones”, Mencio dice que si bien el hombre es naturalmente bueno, se sale fácilmente del camino cuando no cultiva adecuadamente su naturaleza innata y se deja llevar por las malas influencias.

No obstante, cabe preguntarse cómo se puede estar seguro de que el Cielo es moral y de que los cuatro sentimientos innatos de la compasión, la vergüenza, la consideración y el discernimiento provienen del Cielo. Estas preguntas que Mencio dejó sin respuesta fueron abordadas por el neoconfucianismo que desarrolló Zhu Xi a fines de la dinastía Song, el cual ofreció la explicación cosmológica de que el Cielo, es decir, el universo, está constituido por los principios filosóficos *yi* (理) y *qi* (氣), en donde *yi* es básicamente un principio moral.

La originalidad de Mencio es haber postulado que la naturaleza humana se mantiene esencialmente buena en tanto no recibe una mala influencia externa. Esto lo expresó comparando el corazón del hombre con una montaña. Cuando no se talan los árboles ni se interviene en la labor de la naturaleza, la montaña se cubre de un denso bosque y toma la forma que les propia. Del mismo modo, si se protege y se desarrolla la naturaleza bondadosa del hombre, esta crece fuerte y sana, pues la energía vital circula libremente y sin barreras.

Según Mencio, la manera de lograr esto es aplacando los deseos. En el corazón del ser humano anidan los Cuatro Comienzos, así como los dos deseos más básicos, que son el apetito y el deseo carnal. Cuando crece uno de estos deseos, disminuyen proporcionalmente los demás, de modo que para cultivar los cuatro sentimientos morales es preciso reprimir el deseo de comer y de tener sexo. Esto no significa que Mencio negara o buscara eliminar estos deseos, como intentaron hacerlo los ascetas cristianos medievales; todo lo contrario, los aceptó en la medida que no dañaran la naturaleza innata bondadosa del hombre.

Para Mencio, la maldad y los malos deseos que manifiesta el hombre se deben siempre a causas e influencias externas. En consecuencia, la tarea a la que debe abocarse el ser humano es recuperar su naturaleza bondadosa más esencial. Esta es, pues, la única meta de los estudios y la educación confucianista.

3. Corea y el confucianismo

Desde antiguo, pero especialmente en el período Joseon, los coreanos se adhirieron al confucianismo y veneraron a Confucio mucho más que los propios chinos. Es un fenómeno sumamente parecido a lo que ocurre en

Todos los años, en primavera y otoño, se realiza el rito de veneración a Confucio y otros grandes estudiosos confucianistas (seokjeon daeje) en Seonggyungwan, la antigua universidad confucianista

estos días, cuando el protestantismo es profesado con mayor ímpetu y fe que en Estados Unidos, país de donde fue introducido. En efecto, Corea es el único país del mundo en el que se le sigue ofreciendo a Confucio el antiguo rito de veneración conservado intacto a través de los siglos, incluyendo la interpretación de la música original de la dinastía Song.

El confucianismo, y en particular el neoconfucianismo de Zhu Xi, fue la ideología oficial de Estado durante los 500 años de existencia del reino de Joseon, en donde se hicieron ingentes esfuerzos para llevar a la práctica los ideales políticos de esta doctrina como en ningún otro país del mundo. En otras palabras, Joseon fue el reino más confucianista que existió sobre la faz de la tierra. Y puesto que la época actual es la más próxima a ese período, el confucianismo sigue ejerciendo una gran influencia en la sociedad coreana de hoy en día. Antes de entrar de lleno en este tema, conozcamos en líneas generales los rasgos y la historia del confucianismo coreano.

3.1. Rasgos del confucianismo coreano

Como lo han señalado los estudiosos modernos, el pensamiento coreano se caracteriza por poseer los rasgos de la simplicidad y la exhaustividad. Esto se observa en el hecho de que a pesar de existir diversas corrientes confucianistas en China, algunas de ellas incluso contrapuestas entre sí, en Corea se prestó fe ciega únicamente al neoconfucianismo de Zhu Xi.

En efecto, salvo raras excepciones, todos los confucianistas coreanos se esmeraron lo indecible en seguir los preceptos neoconfucianistas sin apartarse un ápice, como si fuera la única y absoluta verdad, olvidando que lo esbozado por Zhu Xi fue solamente una de las tantas interpretaciones de la doctrina de Confucio que existieron. Precisamente aquí se manifiesta el rasgo de la exhaustividad. Los confucianistas del período Joseon no

Foto de 1901 de un seodang o escuela particular del período Joseon

aceptaron convivir con ninguna otra religión ni ideología, por lo que se mostraron intolerantes con el budismo. Esto naturalmente determinó que el confucianismo coreano careciera de autocrítica y reflexión.

La exhaustividad también se manifestó en la puesta en práctica de los preceptos confucianistas. En todos los pueblos había *seodang*, pequeñas escuelas particulares en donde un maestro enseñaba los textos confucianistas básicos a los pequeños y les inculcaba el *hyo*, la devoción filial hacia los padres y mayores.

Asimismo, todo el mundo le concedía una importancia primordial al estudio, se respetaban escrupulosamente los tres años de duelo cuando fallecían los progenitores, se preparaban con mayor cuidado las ofrendas de alimentos a los antepasados que las comidas para los vivos, si se encontraban dos conocidos de sexo opuesto en la calle pasaban de largo fingiendo no haberse visto y estaba prohibido que las viudas se volvieran a casar. Desde donde se lo mire, Joseon fue un reino confucianista en todos los sentidos.

Inexplicablemente, como ha sido observado por muchos estudiosos, cada vez que se introduce una doctrina o ideología en Corea, esta adopta formas extremas. El ejemplo perfecto en el pasado es el confucianismo; mientras que en el presente lo son el cristianismo en Corea del Sur y el comunismo en Corea del Norte.

Sin embargo, a pesar de todos sus defectos, el confucianismo no puede ser negado ni rechazado sin más, puesto que esta doctrina no solo perduró incólume durante más de 500 años sino que sigue estando vigente en Corea en estos días. De cualquier modo, gracias al confucianismo, los antiguos coreanos tuvieron un sistema político estable y equilibrado, adoptaron una ética moral que ponía al ser humano como centro y base de todas las cosas y disfrutaron de un nivel cultural sumamente elevado debido a la preeminencia que le dieron a la educación. Por otra parte, la importancia que el confucianismo le concedía a la razón y al bienestar del pueblo contribuyó decisivamente a que la democracia se afianzara rápidamente en el país en la etapa contemporánea. En otras palabras, si los coreanos de hoy en día pueden estar orgullosos de su país y su origen es en buena medida gracias al confucianismo.

3.2. Historia del confucianismo coreano

Se estima que el confucianismo se conoció en Corea cuando se transmitió a la península coreana la escritura china a fines del período de los Reinos Combatientes o a principios de la dinastía Han, esto es hacia el año 200 a. C., pero la fecha de introducción fehaciente fue cuando el ejército de Han invadió el reino de Wiman Joseon y provocó su caída en el año 108 a. C.

En el período de los Tres Reinos (desde principios del siglo IV hasta mediados del siglo VII), se conocen algunos hechos aislados relacionados con el confucianismo. En 372, cuando el reino de Goguryeo adoptó el budismo como religión oficial y se fundó el Taehak, la institución educativa más importante del reino, se establecieron escuelas de nivel básico en todas partes, en donde se enseñaban los Cinco Clásicos confucianistas, la historia china y el tiro con arco. Los documentos históricos dicen que cuando fallecían los padres o el marido, los hijos y esposas vestían ropas de luto provenientes de China, lo que hace suponer que en esta época ya se seguían las costumbres confucianas. Sobre el confucianismo en el reino de Baekje, no se puede dejar de mencionar a Wani, erudito originario de este reino, que transmitió el confucianismo y la escritura china a Japón. En reino de Silla vale la pena referirse a Seol Chong, hijo del monje Wonhyo, que fundó el Gukhak, una institución educativa equivalente a la universidad actual, donde se enseñaban las *Analectas* de Confucio, el *Clásico de los Deberes Filiales* que Confucio dedicó a uno de sus discípulos y el *I Ching* o *Libro de las Mutaciones*, que era uno de los Cinco Clásicos confucianistas.

En el período Goryeo (918-1392) no disminuyó en absoluto el fervor

Estatua de Wani (Wang-in en coreano), el erudito de Baekje que introdujo el confucianismo en Japón

Recreación moderna del examen gwageo para acceder a los puestos de gobierno

religioso budista, pero la política se orientó cada vez más hacia el confucianismo. Durante el reinado de Gwangjong (923-975), se implementó el examen estatal *gwageo* para acceder a los puestos de gobierno, que es el sistema de elección de funcionarios propio del confucianismo. Este hecho es muy importante en la historia del confucianismo coreano, puesto que la materia de esos exámenes eran los contenidos de los libros confucianistas y solo los que los habían estudiado en profundidad podían aprobarlos. De esta manera, los confucianistas dominaron cada vez más el ámbito político.

Pero el hecho más importante en la historia del confucianismo coreano fue la difusión del neoconfucianismo de Zhu Xi en la segunda mitad del siglo XIII. El estudioso que lo introdujo fue Ahn Hyang, conocido también por su política de persecución del chamanismo. El neoconfucianismo era lo más novedoso y avanzado de la época en materia intelectual, así que fue más que suficiente para estimular la mente y el espíritu de los eruditos de Goryeo. Estos estudios cimentaron el gran desarrollo que tuvo el confucianismo en Corea durante el período Joseon.

El neoconfucianismo

Para comprender el confucianismo del período Joseon, es preciso tener algunas nociones básicas del confucianismo de Zhu Xi (a veces escrito también como Chu Hsi) o neoconfucianismo (*seongnihak* en coreano).

Zhu Xi integró en una síntesis las investigaciones de los eruditos confucianistas precedentes reorganizando el pensamiento del confucianismo en base a los principios *li* (理) y *qi* (氣). Es fácil comprender el nacimiento de esta teoría inexistente en el confucianismo original si se conocen las relaciones que mantuvieron el confucianismo, el budismo y el taoísmo a lo largo de la historia.

Cuando el budismo fue introducido en China, los chinos se encandilaron con la profundidad y la riqueza filosófica de este pensamiento. Hasta entonces, los chinos nunca se habían preguntado sobre el principio que hacía posible el mundo ni habían hablado de la salvación humana o de la compasión hacia todos los seres vivos. El budismo es la única filosofía y religión foránea que los chinos, siempre tan orgullosos de su cultura, aceptaron íntegra y fervorosamente. La época de mayor esplendor del budismo chino fue en las dinastías Sui (581-617) y Tang (618-907). Precisamente fue durante la dinastía Tang que nació en China la famosa rama del budismo conocida como budismo Zen. Sin embargo, en el período de la dinastía Song (960-1127), se produjo la contraofensiva filosófica del sistema de pensamiento chino contra el budismo y el que lideró este avance fue precisamente el abanderado del neoconfucianismo Zhu Xi.

Inspirándose en los conceptos de *li* (理) y *shi* (事) del budismo Huayan, en donde *li* es el principio universal que subyace y explica el mundo y *shi* son los hechos y objetos individuales que existen en ese mundo, Zhu Xi sostuvo que todas las cosas están compuestas de los elementos *li* y *qi*, en donde *li* es el principio racional o metafísico que origina y regula las cosas y *qi* el principio vital o material que les da forma. Según Zhu Xi, el *qi* y el *li* operan juntos en una relación de mutua dependencia y la suma de ambos elementos crea la materia o cosa.

En el terreno moral, gracias a que todos los objetos y seres participan en la misma medida y del mismo modo del principio generador y regulativo supremo *li*, el ser humano es por naturaleza bueno y puro. Si existe la maldad o inmoralidad es porque el *qi* que envuelve al *li* lo enturbia en mayor o menor medida, pero el *li* siempre permanece bueno e inalterado. De este modo, la teoría de la bondad innata del ser humano que había esbozado Mencio tuvo una explicación metafísica a partir de Zhu Xi.

El confucianismo en el período Joseon

El neoconfucianismo, el pensamiento moral más racional que haya existido en la historia, fue adoptado como ideología de Estado por Joseon al instaurarse esta dinastía (1392-1910) A partir de entonces, el neoconfucianismo fue el sistema de valores al que se sujetaron todos los habitantes del reino, desde el rey hasta el último de los súbditos. La base la sentó el estudioso Kwon Geun con su libro ilustrado de introducción al neoconfucianismo *Ibhak doseol*. Posteriormente, durante el reinado del Gran Rey Sejong (1418-1450), se introdujeron los *Cuatro Libros y Cinco Clásicos* y otros textos básicos neoconfucianistas, los cuales se enseñaron en los colegios y fueron la materia de los exámenes estatales para acceder a los cargos gubernamentales. Asimismo, se creó el Jiphyeonjeon, una academia de investigación real que formó un gran número de brillantes estudiosos confucianistas.

Hubo dos grandes facciones confucianistas en Joseon. El llamado grupo

Cuadro que representa a los eruditos del Jiphyeonjeon, la academia real creada por el Gran Rey Sejong

Hungupa, que estaba compuesto por burócratas que participaban activamente en la política del reino, y el Sarimpa, que se consideraban a sí mismos como auténticos *seonbi*, es decir, letrados consagrados al estudio ante todo. Estos últimos no estaban necesariamente desligados de la política, pero eran los seguidores más fervientes del neoconfucianismo y le conferían una gran importancia a las obligaciones y valores morales que propugnaba esta doctrina.

El grupo Sarimpa tuvo su oportunidad de llevar a la práctica las creencias más ortodoxas del neoconfucianismo. Fue después de que fuera destronado

Yeonsangun y se eligiera en su lugar al rey Jungjong en 1506. Al ver que la situación política y social se había estabilizado, Jo Gwanjo impulsó una reforma política radical con vistas a hacer realidad la utopía política confucianista. Sin embargo, sus medidas despertaron la oposición de la poderosa élite política y el joven ministro Jo Gwanjo fue acusado de fomentar el sectarismo y sentenciado a morir en la Tercera Purga de Letrados de 1519. Como consecuencia de este serio incidente, los neoconfucianistas del grupo Sarimpa se retiraron de la política y se refugiaron en las montañas.

Otra de las consecuencias de este suceso fue que el confucianismo se hizo todavía más especulativo y teórico. En el siglo XVI se escribieron los estudios más profundos sobre el neoconfucianismo de Joseon. Dos eruditos importantes en la materia fueron Seo Gyeongdeok, que hizo hincapié en la importancia del *qi*, e Yi Eonjeok, que le confirió más importancia al *li*.

El estudioso confucianista más ortodoxo de Joseon fue Yi Hwang (1501-1570, conocido también por su seudónimo Toegye), quien continuó la línea de investigación de Yi Eonjeok. Por el contrario, Yi I (1536-1584, conocido también por su seudónimo Yulgok), le dio mayor importancia al *qi*, aunque no tanta como su predecesor Seo Gyeongdeok.

El libro más importante que escribió Toegye fue *Seonghak sipdo*, en el que describió mediante diagramas y explicaciones los diez niveles de estudios para llegar a ser un hombre santo confucianista o *seongin*. Este libro sintetiza la visión del mundo, del hombre y de la educación que postula el neoconfucianismo de Joseon. Debido a que Toegye le confirió al eterno e inalterable *li* una importancia determinante, le da mayor relevancia a los aspectos internos del ser humano que a los externos cuando analiza el alma humana o las formas de cultivarla.

En cambio Yulgok, que le confirió mayor preponderancia al *qi* que se

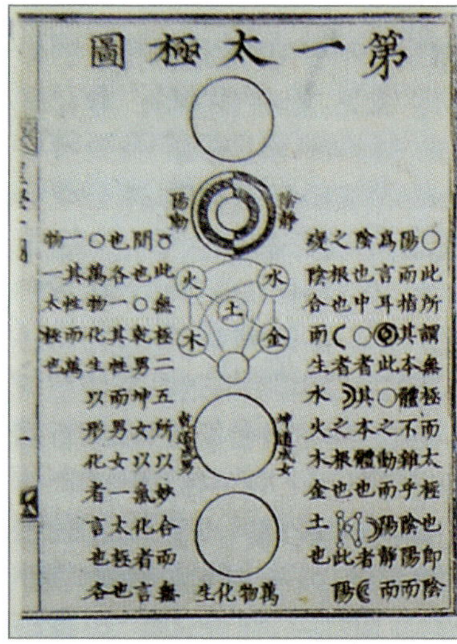

Página del libro Seonghak sipdo que escribió Toegye

manifiesta bajo distintas formas individuales, se interesó más por los factores externos al ser humano y los cambios sociales. En consonancia con

Retratos de los eruditos Yulgok Yi I (arriba) y Togye Yi Hwang I (abajo) en los billetes de 5.000 y 1.000 wones respectivamente

la importancia que le daba al aspecto concreto y material de las cosas, Yulgok valoró altamente la experiencia y el estudio. En particular, sostuvo que las instituciones políticas debían adaptarse a las nuevas situaciones y tiempos. En este sentido, Yulgok no solo fue un filósofo sino un reformador social. Fue un político activo que se esforzó por implementar los valores y principios confucianistas en la administración del gobierno. Cuando se retiró, se abocó a la creación de un código de administración para las aldeas con el fin de educar y cultivar a los campesinos en los principios confucianistas.

La polémica del *li* y el *qi*

El incidente más importante en la historia del confucianismo coreano es la polémica que entablaron Toegye y Yulgok acerca de la bondad y la maldad que hay en el ser humano, que es un tema muy importante de reflexión y controversia en todas las religiones del mundo.

Originalmente Zhu Xi postuló una idea sumamente dualista en este aspecto al decir que la bondad provenía del principio supremo o *li* y que la maldad provenía del *qi* que corrompía el *li*. Toegye, por su parte, sostuvo sin variantes esta teoría. El primero que la puso en entredicho fue Ki Daeseung, quien cuestionó el hecho de que el alma humana no fuera una sino estuviera dividida en dos. Sin embargo, era tan grande el prestigio y la autoridad de Toegye que Ki Daeseung no llegó a entablar nunca una verdadera polémica con el maestro.

El que trajo de nuevo a colación el tema fue Yulgok, quien sostuvo un debate en representación de Ki Daeseung con un erudito que representaba a Toegye, pues este ya había fallecido. El vencedor del debate fue naturalmente Yulgok. Este postuló que si los Cuatro Comienzos o cuatro

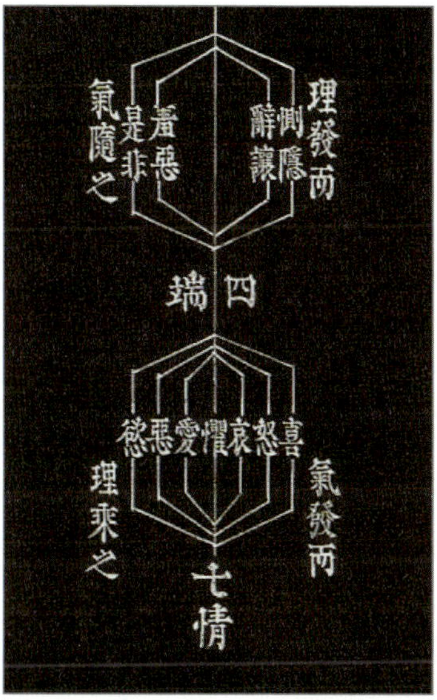

Diagrama de los Cuatro Comienzos y los Siete Sentimientos

virtudes innatas (la compasión, la vergüenza, la generosidad y el discernimiento del bien y el mal) no eran interferidas o anuladas por los Siete Sentimientos (alegría, ira, tristeza, miedo, amor, odio y deseo), el hombre obraba con bondad; pero que si interferían o prevalecían los sentimientos, el hombre obraba con maldad.

Es importante destacar que, a pesar de ser un tema sobre el que bien vale la pena reflexionar, nunca fue discutido a fondo por el confucianismo chino del modo tan exhaustivo como el del confucianismo de Joseon.

Otra polémica importante del confucianismo en este período fue la que tuvo lugar entre los siglos XVII y XVIII sobre si los hombres y las cosas poseían la misma naturaleza o una naturaleza diferente. Si en los seres humanos y las cosas estaba presente el mismo el *li*, lo lógico era que tuvieran la misma naturaleza, pero al mismo tiempo les parecía inaceptable que el ser humano y las cosas fueran esencialmente iguales.

La corriente Sirhak

En la primera etapa del confucianismo de Joseon prevaleció el neoconfucianismo o Seongnihak. Como vimos más arriba, los maestros que organizaron y integraron el saber neoconfucianista en esta etapa fueron Toegye y Yulgok.

Otra corriente importante del confucianismo de Joseon fue el Yehak (禮學, "estudios ceremoniales") y corresponde a los años posteriores a las dos grandes invasiones que sufrió Joseon, la japonesa de 1592 y la manchuriana de 1636. En esta etapa se le dio una gran importancia al *ye* (禮), es decir, a las formas y protocolos con el fin de que la sociedad y la población sacudida por la guerra recuperara la estabilidad y la disciplina. En esta etapa, que puede decirse que fue una natural evolución de la anterior, los estudiosos se afanaron por aplicar los conceptos teóricos confucianistas a cuestiones concretas, como la ceremonia de la mayoría de edad, las bodas, los funerales y los ritos de veneración de los ancestros. Por ejemplo, el fallecimiento de la madre del rey Hyojong desencadenó una intensa discusión entre los estudiosos sobre si se debía observar un luto de tres años o solo de un año. Como es fácil de colegir, el Yehak cayó pronto en un formalismo vacío.

A mediados del siglo XVII surgió en Joseon un nuevo movimiento confucianista como reacción al Yehak que se conoce como Sirhak (實學), el cual puede traducirse como "estudios prácticos". En lugar de discutir los aspectos teóricos del confucianismo, los estudiosos de la corriente Sirhak se abocaron al estudio de materias concretas y prácticas que tuvieran como fin mejorar la vida del pueblo. Por otra parte, estimularon la conciencia de nación propugnando una visión histórica independiente de China. En este sentido, sentaron las bases para el surgimiento de un sentimiento de identidad nacional. El estudioso más sobresaliente del Sirhak fue a todas

Estatua de Jeong Yakyong

luces Jeong Yakyong.

Como es sabido, las dos preocupaciones principales del confucianismo fueron el cultivo del espíritu y el bienestar del pueblo. Si el Seongnihak le dio una importancia primordial al primer principio, el Sirhak puso el acento en la educación y la mejora de la calidad de vida del pueblo. Para ello los estudiosos de esta corriente Sirhak se interesaron en todas las áreas relacionadas con la realidad empírica y cotidiana. Por esta razón, entre los conocimientos enciclopédicos que fueron la materia de sus estudios, no solo ocuparon un lugar importante los temas políticos, económicos y sociales sino también los relacionados con la agricultura, la técnica y las ciencias naturales.

El nivel al que llegaron en sus investigaciones y estudios fue mucho más alto de lo que suele suponerse. El reflejo más acabado del alto nivel científico que alcanzaron los estudios Sirhak es la Fortaleza Hwaseong de Suwon, que fue declarada Patrimonio Cultural de la Humanidad por la

Sistema de poleas para levantar objetos pesados que ideó Jang Yakyong y se utilizó en la construcción de la Fortaleza Hwaseong de Suwon

Unesco en 1997. Esta fortaleza, que fue erigida por orden del rey Jeongjo, fue construida aplicando los conocimientos alcanzados por los estudios e investigaciones de la corriente Sirhak. Por ejemplo, las rocas que se utilizaron en la construcción fueron transportadas utilizando la grúa de poleas que ideó Jeong Yakyong. Los planos fueron realizados por un grupo de estudiosos que se inspiraron en la fortaleza que tuvieron la ocasión de conocer en la capital del imperio chino de Qing cuando fueron al continente en una misión diplomática. Al volver a Joseon, idearon la construcción de la Fortaleza Hwaseong, que superó a la fortaleza china en los aspectos militar, funcional y estético. La fortaleza, que fue terminada en 1796, incorpora los avances científicos y tecnológicos más avanzados de la época y es un modelo sin parangón en el mundo de la arquitectura militar del siglo XVIII.

Otra característica de los estudios de la corriente Sirhak es que se fueron alejando paulatinamente del neoconfucianismo para retornar al confucianismo primigenio. Rechazaron en buena medida la teoría del *li* y el

Vista parcial de la Fortaleza Hwaseong de Suwon

qi, del *ying* y el *yang* y de los cinco elementos, puesto que no son ideas originales del confucianismo sino que provienen del budismo y otras filosofías. Asimismo los estudiosos de la corriente Sirhak propugnaron la libertad de pensamiento y no tuvieron reparo alguno en criticar las teorías neoconfucianistas de Zhu Xi y sus maestros.

Este alejamiento del neoconfucianismo de Zhu Xi se tradujo en la tercera característica de los estudios Sirhak: el nacionalismo. El neoconfucianismo era un pensamiento enteramente centrado en China, por lo que la mayoría de los intelectuales de Joseon pensaban, sin ápice de duda, que China era el ombligo del mundo. Sin embargo, en el siglo XVII los estudiosos Sirhak tuvieron la oportunidad de tomar contacto por primera vez con un mapamundi y la experiencia les cambió la visión del mundo. Se dieron cuenta de que existían incontables reinos en la superficie de la tierra y que China, lo mismo que Joseon, eran simplemente dos de todos ellos. Fue la primera vez que los intelectuales abrieron los ojos a la cultura y a la historia de su propio país en los quinientos años de historia de la dinastía Joseon.

La dominación japonesa del siglo XX representó un corte radical para todas las cosas, pero fue particularmente funesta para la transmisión del saber tradicional. Si la interpretación nueva y creativa del confucianismo que fue el Sirhak se hubiera transmitido y desarrollado de manera natural hasta el presente, las cosas habrían resultado muy diferentes. En primer lugar, el confucianismo no habría sido considerado como el principal culpable de haber impedido la modernización del país como se ha aducido sin descanso; y en segundo lugar, habría dejado una impronta todavía más profunda e importante en la historia del confucianismo coreano.

3.3. El influjo del confucianismo en la sociedad coreana

El sistema patriarcal

Si hubo algo que caracterizó al reino de Joseon fue el sistema patriarcal, el cual daba preeminencia en todos los aspectos sociales a los varones, y entre ellos al hijo primogénito. La consecuencia natural fue que las mujeres fueron sojuzgadas y sus derechos ignorados. Sin embargo, al contrario de lo que piensa la mayoría de la gente, esta situación no comenzó con la misma fundación del reino sino mucho tiempo después. Por ejemplo, la práctica de que las mujeres no tuvieran derecho a la herencia paterna ni pudieran oficiar el rito de veneración a los ancestros o que las viudas no pudieran volver a casarse, que son algunas de las costumbres confucianistas que caracterizan al período Joseon, arraigaron definitivamente recién en la segunda mitad del siglo XVII y principios del siglo XVIII, es decir, casi tres siglos después del surgimiento del reino de Joseon.

Joseon implantó el patriarcalismo en la familia porque fue la manera más eficaz de control social y gobierno del pueblo que encontró la clase gobernante. La familia fue considerada como la unidad más pequeña de gobierno y las relaciones familiares se organizaron a semejanza de la relación del rey y sus súbditos. La idea que subyace en este sistema es que mientras reine el orden en la familia, también reinará el orden en la nación.

Se sentó el orden familiar estableciendo que el hijo primogénito, y entre ellos el primogénito del clan familiar, fuera ampliamente favorecido en la transmisión de la herencia familiar y el derecho de la propiedad. Para privilegiar la posición del hijo mayor en la familia, se determinó que solo los primogénitos podían celebrar el rito de veneración a los antepasados, el cual, hasta principios y mediados del período Joseon, había sido celebrado alternativamente por todos los hijos, incluso por las hijas casadas. De este modo, la autoridad del primogénito, investida por la autoridad suprema que le conferían los ancestros, fue indiscutible en la familia. Y puesto que realizar los numerosos ritos a los antepasados suponía un enorme gasto, se determinó que más de la mitad de la herencia familiar pasara a manos de los

Solo los hombres participan en el rito confucianista de veneración a los antepasados

primogénitos y se despojó de ese derecho a las hijas.

Como se puede apreciar, la confucianización de Joseon se completó recién a principios del siglo XVII, cuando los primogénitos monopolizaron el derecho de propiedad y fueron ampliamente favorecidos en el herencia familiar. A partir de entonces, la piedad filial que sustentaba el sistema patriarcal y los Cinco Principios se convirtieron en la norma ética de todo el pueblo.

La jerarquización de las relaciones

De todas las enseñanzas confucianistas, los principios que han tenido mayor influencia en la vida del pueblo coreano hasta nuestros días son los Cinco Principios, en particular el primero que enfatiza la piedad filial ("Entre padres e hijos tiene que haber cercanía"), el tercero que establece la diferencia genérica ("Entre el esposo y la esposa tiene que haber diferencia") y el cuarto que ordena verticalmente a la sociedad ("Entre mayores y menores tiene que haber un orden"). Estos tres principios están íntimamente relacionados entre sí, pero nos concentraremos en el cuarto, que constituye la base de la ética social de los coreanos.

El cuarto principio establece un orden de jerarquía entre las personas en base a la edad y la posición social, entre otras cosas. Cuando dos personas se conocen en Corea, de inmediato buscan establecer una jerarquía, puesto que eso determinará la relación entre ambos. Aunque no fue así desde el principio, lo que comenzó siendo un conjunto de reglas sociales para el trato mutuo, con el tiempo se convirtió en una serie de obligaciones de la persona más joven o inferior hacia la persona mayor o superior.

Cuando se conocían dos personas en el período Joseon, se preguntaban el nombre y el clan familiar al que pertenecían. Si pertenecían a linajes diferentes, se preguntaban la edad para establecer la relación verticalista de mayor y menor. Si pertenecían al mismo clan familiar, enseguida trataban de determinar la relación generacional que tenían en el linaje. Si resultaba que el de menor edad estaba en una posición generacional más alta, podía tranquilamente tutear a su interlocutor, aunque este fuera de mayor edad.

Si bien en la actualidad esto ha desaparecido por completo, todavía se conserva el resabio de esta tendencia a establecer un orden de jerarquía en la relación social. Siguiendo la costumbre occidental se evita preguntar la edad de los demás, pero apenas se alcanza cierto grado de familiaridad, indefectiblemente se intenta averiguar la edad del otro de manera directa o indirecta, por ejemplo: el año de nacimiento, el animal del horóscopo chino que le corresponde o el año de ingreso a la universidad. Aunque esto no se trasluzca necesariamente en un cambio en el trato, es suficiente para que el de mayor edad se sienta imbuido de cierta superioridad. En la sociedad tradicional, este trato de consideración y respeto a los mayores provocaba

Gwallye o ceremonia confucianista de la mayoría de edad que se realizaba alrededor de los 20 años

que todos hicieran lo posible para aparentar más edad de la que tenían. En la sociedad moderna, si bien ser viejo ya no es un mérito sino más bien un demérito, sigue siendo importante determinar esa relación jerárquica de mayor y menor. Incluso los estudiantes universitarios, que se supone son el grupo social de ideas más avanzadas y modernas, siempre se presentan a sí mismos manifestando primero la promoción a la que pertenecen, luego la carrera que estudian y en último lugar su nombre.

En la sociedad tradicional, el individuo no existía por sí mismo sino por el lugar que ocupaba en el grupo social. Es por eso que en los nombres coreanos y orientales en general, aparece primero el apellido, que es la marca de identificación grupal, y luego el nombre, que es personal e individual. Del mismo modo, cuando se escriben los datos del remitente o destinatario en una carta, primero se pone la dirección en el orden inverso al occidental (es decir, ciudad, condado o distrito, barrio y calle) y por último se escribe el nombre del remitente o destinatario.

Este hábito peculiar de los coreanos de querer mostrarse superior al otro a través de la edad se manifiesta indefectiblemente en las discusiones y peleas. Independientemente de quién tenga la culpa del incidente, seguro

Obsérvese que el nombre del destinatario 최현영 va después de la dirección

que se buscará amilanar o rebajar al contrincante en base a quien tiene más o menos edad.

La complejidad del tratamiento de respeto y la apelación

La prevalencia del cuarto principio que establece una jerarquía en las relaciones sociales en base a la edad ha dado por resultado un sistema sumamente complicado del tratamiento de respeto, que incluso resulta difícil de seguir para los propios coreanos. De hecho, dicen los especialistas que prácticamente no hay persona que sepa usar el tratamiento de respeto a la perfección.

Para dar un ejemplo, hay infinidad de maneras de decirle a otra persona que "coma", desde la manera más vulgar *cheomeogeora* hasta la forma respetuosa *jabsusibsio*, pasando por las formas *meogeora, meogeo, meogji, meogke, meogeusijyo, meogeusibsio, siksahasibsio, deuseo, deusibsio*, etc. Todas ellas expresan distintos grados de respeto y familiaridad para dirigirse a una persona.

Los apelativos, es decir, las maneras de llamar al otro, son también muy diversos de acuerdo a la posición y la edad de la persona apelada y a la consideración que quiera darle el hablante. Lo que en español se soluciona con un "tú" o "usted", en coreano se utilizan las siguientes formas: *ne nom, ne nyeoseok, neo i saekki, neo i jasik, neo, jane, dangsin, geujjok, geudae, jagi, geogi, ajeossi (ajumma, ajumeoni), imja, chonggak (cheonyeo, agassi), haksaeng, seonsaengnim*, etc.

Debido a este complicado sistema de tratamiento y de apelación, es fácil que uno no se sienta tratado por el otro con suficiente deferencia y naturalmente esto se convierte en la causa de muchos altercados.

Según los especialistas de la lengua coreana, hasta el siglo XV el sistema de tratamiento y de apelación era mucho más simple que el actual, pero se complicó a medida que el confucianismo se fue extendiendo a toda la sociedad de Joseon.

El autoritarismo

Aquellos que ocupan un cargo alto y tienen poder tienden de por sí a ser autoritarios, pero el principio confucianista que establece una diferencia jerárquica entre mayores y menores reforzó aún más esa tendencia.

Los resabios de este autoritarismo se manifiestan de muchas maneras en la sociedad coreana de hoy en día. Por ejemplo, una persona de menor edad y posición puede tener toda la razón del mundo, pero su superior puede desestimar o ignorar su opinión con total arbitrariedad simplemente porque es el que tiene la autoridad. En contrapartida, las personas que están en una situación de menor posición social y poder tienden a callarse la boca por miedo a sufrir algún perjuicio si se pronuncian en contra o de un modo diferente a la opinión o al deseo de su superior.

La exclusión de la mujer

El otro principio moral confucianista que marcó profundamente a la sociedad coreana es el que establece la diferencia entre los géneros. Como vimos más arriba, hasta mediados del período Joseon, las viudas podían volver a casarse, las casadas tenían derecho a la herencia tras la muerte de sus padres y las hijas podían celebrar el rito de veneración de los ancestros, pero todo esto quedó vedado a partir de la segunda mitad del siglo XVII, que fue la época en la que el confucianismo se extendió a toda la sociedad y comenzó a regular la vida cotidiana de la población. A partir de entonces, la posición social de la mujer decayó ostensiblemente en comparación con la primera etapa de Joseon o los períodos anteriores de Goryeo y de los Tres Reinos.

Del mismo modo que el autoritarismo lleva a que los errores y culpas de los mayores y superiores sean atenuados y tolerados, la discriminación genérica hacía que los yerros de los varones fueran considerados simples deslices fácilmente perdonables, mientras que el mismo error cometido por una mujer fuera castigado con gran severidad, como se manifestaba claramente cuando se producía un adulterio.

Los resabios de este machismo a ultranza del período Joseon siguieron manifestándose en Corea hasta hace unas décadas. Por ejemplo, se consideraba de mal agüero que una mujer caminara delante de un hombre. También era corriente que si ocurría una desgracia en una familia al poco tiempo de una boda, le adjudicaran la culpa del infortunio a la recién casada. Y aún hoy en día hay comerciantes que piensan que tendrán un día muy malo de ventas si el primer cliente del día que entra a su tienda es una mujer.

Sin embargo, es un error pensar que el confucianismo sea la religión más antifeminista del mundo. El confucianismo les aseguró a las mujeres una posición y un ámbito propios. Si bien es cierto que en la sociedad tradicional las mujeres casadas tenían que sufrir el autoritarismo y la prepotencia de las suegras, la relación cambiaba considerablemente cuando la mujer daba a luz hijos varones. Con el correr del tiempo, cuando la suegra se hacía anciana y traspasaba la llave del granero de la casa a la nuera, esta pasaba a adquirir el control de la economía de la casa.

En la estructura de las casas confucianistas, el ámbito femenino o anchae se encuentra en la parte más recóndita de la vivienda, lo que para muchos es un reflejo de la reclusión en la que vivían las mujeres en el período Joseon. Sin embargo, hay que precisar que esta restricción de movimientos se

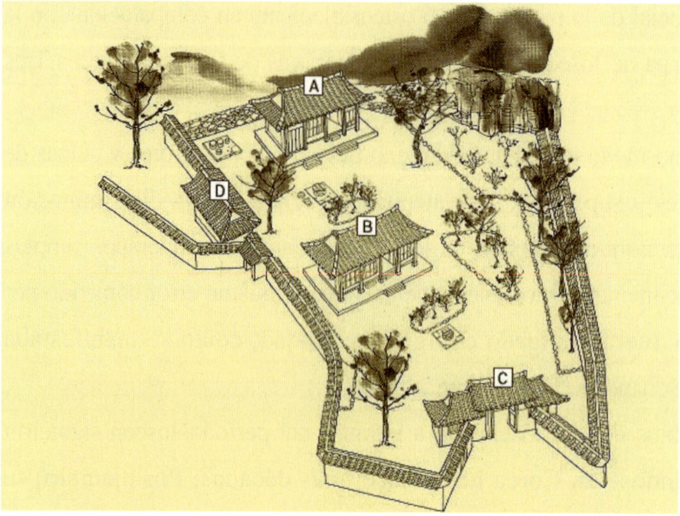

Estructura de una casa tradicional o hanok. A: anchae o habitaciones de las mujeres de la casa; B: sarangchae o ámbito del señor de la casa; C: puerta principal; D: granero

aplicaba únicamente a las mujeres de la clase noble. Por otra parte, la señora de la casa, como dueña soberana del *anchae*, regía todos los asuntos domésticos e íntimos de la familia. A esta parte más interna de la casa solo tenían acceso algunos sirvientes y el señor de la casa. Por otra parte, en las familias nobles, el marido cuidaba su comportamiento y su lenguaje delante de la esposa, a la que se dirigía utilizando el tratamiento de respeto.

El familismo

Como se ha repetido infinidad de veces, el confucianismo pone particular énfasis en la enseñanza de la piedad filial. En el confucianismo, los hijos tienen el deber moral y social de rendirles respeto y consideración a sus padres. Sin embargo, como toda virtud que es practicada de manera extrema, la piedad filial también puede traer aparejados diversos vicios sociales. El mayor de todos es el anteponer el bienestar y los intereses de los padres, y por extensión, de la familia y el linaje, por encima del bienestar y los intereses del resto de la sociedad. Es lo que se conoce como familismo.

Los antiguos coreanos le concedieron una importancia primordial a los lazos de sangre. De hecho, concebían el ámbito social como una prolongación de la familia y el clan. Esto se manifiesta claramente en el lenguaje. Por ejemplo, "país" se dice en coreano *gukga*, en donde la primera sílaba *guk* significa "país" y la segunda sílaba *ga* significa "casa". Esta concepción se prolonga hasta nuestros días y hace que la gente conciba la compañía en donde trabaja como un segundo hogar, en donde los jefes son como sus padres y los compañeros de trabajo como sus hermanos.

Esta forma de concebir la sociedad ha sido llamada por los sociólogos como "grupismo patriarcal". El grupismo es un fenómeno social opuesto al individualismo y se puede definir como el privilegiar los intereses grupales por encima de los individuales. El grupismo se aprecia en muchas otras sociedades, pero el coreano recibe el calificativo de patriarcal porque se centra en torno la relación de padres e hijos. Un buen ejemplo es el matrimonio. En las sociedades occidentales, el matrimonio es una decisión absolutamente personal e individual, pero en Corea sigue siendo una unión que involucra a dos familias más a que a dos individuos. En el período Joseon, los padres elegían a los cónyuges de sus hijos y era absolutamente normal que los esposos se vieran por primera vez el día de su boda. Hoy en día las personas eligen libremente a su pareja, pero todavía es importante contar con la aprobación de los padres para concretar una boda.

El concederle mayor importancia al grupo familiar hace que naturalmente se reste importancia a los derechos e intereses individuales. Esto se puede apreciar muy bien en la estructura que tenían las casas de la nobleza en el período Joseon. Estas viviendas estaban rodeadas de muros bastante altos

Recreación de una boda tradicional

que impedían que se pudiera saber desde afuera lo que ocurría dentro de la vivienda. Sin embargo, en el interior, salvo la separación neta que había entre el ámbito de los hombres de la casa o *sarangchae* y el ámbito de las mujeres de la casa o *anchae*, las habitaciones estaban separadas por finos tabiques de papel que permitían saber todo lo que ocurría en el recinto contiguo. La privacidad individual no estaba considerada como un derecho importante y se estimaba como algo obvio y natural que se supiera todo entre los miembros de una familia y que unos y otros se inmiscuyeran en los asuntos personales. Esta característica de las viviendas tradicionales coreanas contrasta con las viviendas occidentales, que suelen tener el jardín a la vista de todos y apenas rodeado por una cerca baja, mientras que las paredes y puertas de las habitaciones interiores de la casa son lo suficientemente gruesas como para asegurar la intimidad y la privacidad de cada uno de los moradores.

Cuando la sociedad se encierra en unidades familiares como ocurre en Corea, es difícil que las personas ajenas a la familia o al clan puedan criticar o inmiscuirse en las cosas que pasan dentro de esa unidad. Basta con decir "esta es mi familia y yo hago lo que se me da la gana" para que los demás no se entrometan. Un resabio de esto es que, salvo que se produzca un ascsinato o un escándalo a gran escala, pocos denunciarán a la policía a su vecino, aunque sepan que en esa casa el marido golpea a su mujer y a los hijos cuando se emborracha. En cambio, en otros países basta la mera sospecha de que se está produciendo un episodio de violencia en un hogar para que los vecinos realicen de inmediato la denuncia. Esto se debe a que en esos países la conciencia civil es más fuerte que el sentido de familia, al contrario de lo ocurre en Corea.

Otro resabio negativo del excesivo valor que se le otorga a los lazos sanguíneos es que Corea ocupa uno de los primeros lugares como país exportador de niños en adopción, a pesar de que disfruta de un nivel económico lo suficientemente alto como para que esto no ocurra. Esto se debe a que a los coreanos les resulta inadmisible considerar como parte de la familia a alguien que no tenga su sangre. En la sociedad tradicional, gracias a que prevalecía el concepto extenso de familia, si un niño se quedaba huérfano, era criado por sus tíos o parientes. En la actualidad, en cambio, como prevalece el concepto de familia nuclear y al mismo tiempo se conservan las viejas concepciones sobre los lazos familiares y de sangre, los coreanos se muestran reacios a adoptar niños huérfanos.

Las genealogías y las asociaciones linajísticas

Una consecuencia de la prioridad social que se dio a las relaciones familiares y clánicas es que en Corea se desarrollaron las genealogías y las

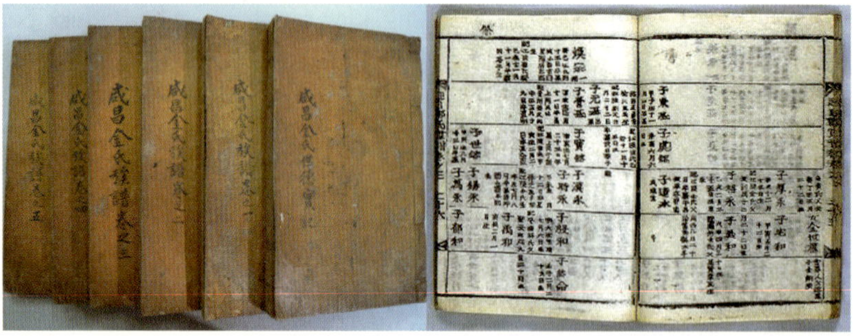

Libro genealógico del clan Kim de Hamchang

asociaciones linajísticas como en ninguna otra parte del mundo. A mediados del período Joseon, los nobles que conformaban la clase aristocrática constituían solo el uno por ciento de la población total, pero en la actualidad todos los apellidos coreanos poseen su propia genealogía. La importancia que los coreanos conceden al linaje se evidencia en que cuando las familias abandonaron sus hogares para escapar de las balas durante la Guerra de Corea, en muchos casos lo único que se llevaron consigo fueron los libros genealógicos.

En estos días siguen haciéndose grandes esfuerzos por ordenar y publicar los árboles genealógicos. Los que se encargan de esta labor son las asociaciones linajísticas, que son asociaciones de personas que comparten el mismo apellido y el mismo clan, es decir, el mismo lugar de origen. Si tenemos en cuenta que en Corea existen unos doscientos sesenta apellidos y que cada uno está constituido por alrededor de veinte clanes (el apellido Kim es el que tiene mayor número de clanes, puesto que son alrededor de doscientos cincuenta), existen más de cinco mil asociaciones linajísticas. Además de ordenar y publicar los árboles genealógicos, cumplen la importante tarea de realizar el rito de veneración al fundador del linaje.

El culto a los antepasados

El culto a los antepasados fue practicado por muchas religiones, pero los ritos de veneración a los antepasados ocuparon un lugar insoslayable en el confucianismo coreano, sobre todo a partir de mediados de Joseon, cuando terminó de adoptarse por entero el ceremonial neoconfucianista.

Debido a que la piedad filial es la máxima virtud en el confucianismo, los coreanos le conceden una enorme importancia al rito de veneración a los antepasados, que recibe el nombre de jesa. Durante la dinastía Joseon, cuando fallecía un progenitor, los hijos no solo lo honraban con un espléndido funeral sino que guardaban luto durante tres años y velaban su placa mortuoria en un santuario construido junto a la tumba o en la propia casa.

Cuando fallecía un progenitor, su hijo construía una choza junto a su tumba y durante tres años vivía de luto, alejado del mundo y de toda actividad, para dedicarse a venerar al difunto

Todos los años, en el día en el que se conmemoraba el fallecimiento de un progenitor, se le ofrecía una ceremonia de veneración individual hasta que se convertía en el tatarabuelo de la familia. Cuando pasaba a ser un antepasado de quinta generación, era venerado en una ceremonia colectiva que se ofrecía una o dos veces al año a los antepasados más antiguos. Rendir este rito de veneración era el deber de todo hombre que se preciara de ser un *hyoja*, es decir, un buen hijo. Las personas que se encargaban de estas numerosas ceremonias de veneración eran el descendiente directo de la rama principal del clan y los primogénitos de las familias que componían el clan. Como llevar a cabo estos ritos insumía mucho dinero, arraigó con fuerza la costumbre de que el hijo mayor se llevara toda o la mayor parte de la herencia paterna. Sin embargo, como vimos más arriba, en la primera etapa de la dinastía Joseon e incluso hasta mediados del período, los ritos eran efectuados alternativamente por los hijos varones y, en el caso de que no hubiera varones en la familia, también podían hacerlo las hijas casadas.

Cuando llegan las festividades tradicionales, aún hoy medio país se desplaza para pasar estas fechas en su pueblo natal y una gran parte lo hace

Rito confucianista de veneración a los antepasados

para participar en la ceremonia de veneración de los antepasados. La razón por la que el cristianismo fracasó en introducirse en Corea, China y Japón en los primeros tiempos fue precisamente porque calificaron de idolatría esta práctica, sin tener en cuenta el lugar importante que ocupaba el culto a los antepasados en estas sociedades confucianistas.

Cabe preguntarse por qué el culto a los antepasados fue practicado de manera tan fervorosa por los confucianistas. Para empezar, a todo el mundo le complace comprobar que su existencia forma parte de una cadena interminable de loables antepasados con los que comparte el pasado, la sangre y el apellido. Es parte del interés natural que siente toda persona por conocer su origen y formar parte de una continuidad histórica mucho más larga que la efímera existencia personal.

Al mismo tiempo, los seres humanos sienten la pulsión de perpetuarse eternamente en el tiempo. En el confucianismo este deseo natural se satisface a través del culto a los antepasados, puesto que las personas que mueren son recordadas por sus hijos y descendientes a lo largo de las generaciones. En este sentido, se puede decir el culto a los antepasados es

Mesa con ofrendas de alimentos del rito jesa

una forma indirecta de alcanzar la inmortalidad. Aunque el confucianismo no cree en la existencia de la vida después de la muerte como el budismo y el cristianismo, sí cree firmemente que una persona se perpetúa a través de sus hijos. Por otra parte, como se enseñaba que una de las formas más importantes de practicar la piedad filial era a través de la celebración del *jesa*, el culto a los antepasados fue aceptado con facilidad y se extendió rápidamente a toda la sociedad.

En el presente materialista de hoy en día, la visión del mundo y del hombre que propugna el confucianismo está declinando rápidamente. En particular, los jóvenes han perdido todo entusiasmo por la celebración de los ritos ancestrales. Los últimos estudios antropológicos muestran algunos interesantes fenómenos contradictorios. En el caso de que el fundador del linaje o alguno de los antepasados haya sido un personaje de especial relevancia histórica, haya realizado alguna obra importante o haya ocupado un cargo particularmente alto, el culto de esos ancestros se mantiene activo y pujante. En la celebración de los ritos de veneración a estos antepasados célebres se esconde el deseo de vanagloria y de sentirse superior a los demás. Esto se aplica sobre todo a las personas mayores, puesto que los jóvenes no muestran interés alguno en sus antepasados. En este sentido, se puede pronosticar que el culto al fundador del linaje o de los antepasados célebres irá en progresiva decadencia.

Con respecto a los ritos de veneración de los antepasados más inmediatos, es decir, de los abuelos, bisabuelos y tatarabuelos, se han reducido drásticamente en número como consecuencia de la atomización de las familias y de la concentración de la población en las grandes ciudades. En muchas casas de hoy en día, el rito se realiza solo hasta los abuelos o como mucho hasta los bisabuelos, es decir, hasta los antepasados que se han conocido en vida. Esto se da principalmente en las zonas rurales, pues en las ciudades es corriente que los *jesa* de los abuelos sean obviados o no se participe en sus ritos.

A pesar de esta marcada tendencia en declive del culto a los antepasados, es improbable que desaparezca del todo el *jesa* de los padres. El nuevo fenómeno que se aprecia es que en muchas familias los hijos varones se turnan para realizar este rito, tal como era normal a principios de la dinastía Joseon, aunque todavía siguen excluidas las hijas. Cabe preguntarse cómo cambiará esta tradición en el futuro, puesto que la gente de hoy en día solo tiene un hijo o dos a lo sumo, sin prestar atención a si es un niño o una niña. ¿Se seguirá realizando este rito cuando solo haya un hijo y no queden otros parientes que participen en la ceremonia? ¿Qué pasará con las familias en las que solo hay hijas? Lo más probable es que se vuelva a la costumbre de principios de la dinastía Joseon, cuando las hijas también tenían el derecho a oficiar el rito de veneración de sus padres.

Confucianismo y celo educativo

Es un fenómeno mundialmente conocido el celo que muestran los coreanos por la educación. Aún en las duras condiciones de la Guerra de Corea, cuando no había qué comer y la vida de las personas pendía de un hilo, los niños siguieron recibiendo educación en tiendas de campaña. Posteriormente, en los difíciles años de la posguerra, se levantaron escuelas primarias en todos los rincones del país tomando a la educación como una condición prioritaria para la reconstrucción del país y los padres no dudaron en proporcionar educación universitaria a sus hijos con el dinero que obtenían a duras penas criando vacas y cerdos en los pueblos.

¿De dónde proviene este celo por la educación que se resume en esta frase breve pero poderosa: "Para vivir, hay que aprender", que todos los coreanos creen a pie juntillas? La razón principal es que se considera a la educación como el camino más digno y viable para llegar a formar parte de las clases sociales privilegiadas. Esto viene siendo un hecho incontestable desde los tiempos de la dinastía Joseon, cuando la única manera de ingresar en el cuerpo de funcionarios gubernamentales y, por ende, de ascender socialmente y alcanzar riqueza y fama, era aprobando los exámenes estatales *gwageo*. Este hecho sembró en todos los coreanos la firme convicción de que el único camino para llegar a ser alguien en la vida es el estudio.

Las raíces de este singular fervor educativo se encuentran en el confucianismo. No es casualidad que las *Analectas de Confucio*, el libro capital del confucianismo, comience con el tema de la educación y el aprendizaje. Confucio creía firmemente que la educación era la única

ABC.es FAMILIA
ACTUALIDAD DEPORTES CULTURA VIAJAR GENTE&ESTILO TV VIDEO SALUD BLOGS HEMEROTECA
FAMILIA Padres e Hijos Parejas Educación Mayores Vida Sana Ahorro Ocio - Ludoteca Aula de sexualidad Buscar
EDUCACIÓN
Así ha escalado Corea del Sur al podio de PISA
La «fiebre» por la educación ha sacado al país asiático del analfabetismo en apenas 60 años y ha situado a los surcoreanos entre los mejor formados y más competitivos del mundo
M.ARRIZABALAGA / MADRID
Día 19/10/2012 - 13.52h
Sistema educativo
Sigue ABC.es en
Facebook
Lo último...
Herman Melvill imprescindibles
Chávez visita a de rumores sob

Artículo sobre la fiebre educativa coreana aparecido en el diario ABC de España[5].

5) http://www.abc.es/20121020/familia-educacion/abci-escalado-educacion-corea-podio-201210161058.html

manera que existía de transformar a los hombres. Poniendo en práctica esta idea, Confucio creó escuelas y dedicó toda su vida a la enseñanza, por lo que se lo puede considerar como el primer pedagogo y especialista en educación que hubo en China.

La ideología confucianista dominó la sociedad de Joseon durante quinientos años. Por cinco siglos, el estudio fue considerado como la única actividad propia de la clase noble, así como la única vía que existía para las clases populares de ascender socialmente. No es de extrañar que la sociedad coreana de hoy en día, que es heredera directa de Joseon, siga creyendo ciegamente en los valores y ventajas de la educación. Esto explica que los hogares coreanos destinen un alto porcentaje de sus ingresos en gastos de educación privada, lo que constituye un motivo de preocupación constante para los hacedores de la política educativa, puesto que es causa de diversos problemas sociales y económicos.

Confucianismo y desarrollo económico

Corea sufrió el expolio y la frustración de la dominación colonialista nipona durante más de tres décadas y, como si esto fuera poco, fue uno de los escenarios bélicos más terribles de la Segunda Guerra Mundial. Sin embargo, al cabo de unas décadas, Corea se levantó de las cenizas y, de ser uno de los países más pobres del planeta, se ha convertido en uno de los que tiene mayor volumen comercial del mundo.

Corea no es el único país asiático que ha alcanzado este logro. Junto a Corea, forman parte del grupo Taiwán, Hong Kong y Singapur, que constituyen los llamados "Cuatro Tigres" o "Cuatro Dragones" de Asia. Muy de cerca les siguen Malasia, Tailandia e Indonesia, y en estos días China ha superado ampliamente a todos. Incluyendo a Japón, el primer país desarrollado de Asia, el rasgo que tienen en común todos estos países asiáticos es el confucianismo. Si bien esta característica por sí sola no alcanza a explicar el sorprendente crecimiento económico de todos estos países, no se puede dejar de señalar como un factor importante el celo educativo, que es una herencia inequívoca del confucianismo. En efecto, a pesar de las condiciones adversas en las que se encontraban, estos países priorizaron la educación y eso a la larga permitió contar con recursos humanos suficientemente preparados como para aprender rápidamente de las tecnologías de los países desarrollados.

No basta la riqueza de recursos naturales para asegurar el desarrollo económico de un país. Si esa riqueza no se sustenta en una cultura social que le conceda importancia a la educación, el desarrollo puede retrasarse indefinidamente. Ejemplos de este tipo se pueden encontrar en países de áfrica y Medio Oriente, que cuentan con recursos minerales y fósiles de alto valor agregado como son el diamante o el petróleo. Como en muchos de estos países es perfectamente posible llevar una vida sin privaciones sin

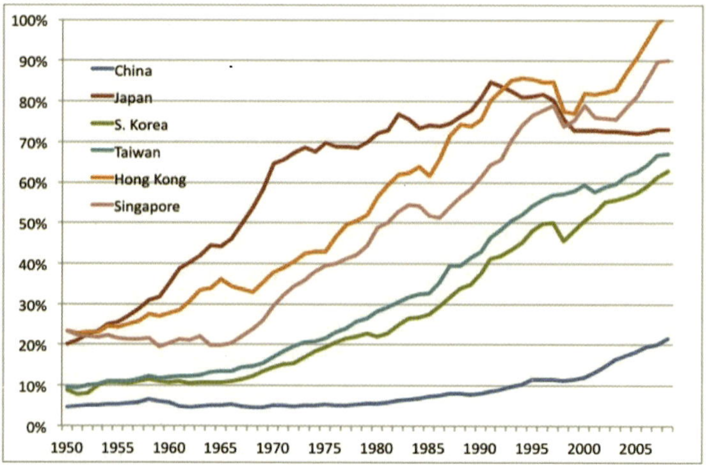

Figura 1. PIB per capita de varios países asiáticos. 1950-2009

contar con educación, la gente no se afana por dedicarse al estudio. Por el contrario, el 70% de los jóvenes que terminan el bachillerato estudian una carrera terciaria en Corea. Algo semejante ocurre en los demás países asiáticos, donde la proporción de universitarios con respecto a la población total es notablemente más alta que en la mayoría de los países del mundo.

Otro aspecto del confucianismo que contribuyó decisivamente al desarrollo económico de Corea y de Asia es el familismo del que hablamos más arriba. En efecto, gracias al influjo del confucianismo que le da mayor relevancia al grupo que al individuo, los coreanos no dudan en sacrificar su vida personal por el futuro de la empresa para la que trabajan, a la que consideran su segunda familia. Las compañías, por su parte, proporcionan uniformes, banderas y distintivos, que los trabajadores lucen con orgullo como un signo de identificación y pertenencia. Como la empresa es una segunda familia, el presidente de la compañía es una especie de padre y los compañeros de trabajo son mucho más que simples colegas. En consecuencia, nadie se va a su casa aunque haya terminado el horario de trabajo sino que esperan a que primero se retire el jefe o les dé la orden de marcharse. En muchas ocasiones, si el jefe pide que todos se queden trabajando horas extra, salvo que se tenga un compromiso insalvable, nadie se negará a hacerlo. Y una o varias veces a la semana, se reúnen entre varios o toda la sección para comer y beber juntos. Aunque en esas reuniones el tema de conversación principal sigue siendo el trabajo y la compañía, sirven para liberar el estrés acumulado durante la jornada laboral y para reforzar los lazos de compañerismo y pertenencia a la compañía. Naturalmente la mayoría de las esposas comprende que el marido pase más tiempo con la gente del trabajo que con la familia, puesto que el buen desempeño del marido en el trabajo redunda en el bienestar económico de todos. Siendo esta la actitud de la población hacia el trabajo, es fácil comprender el rápido desarrollo económico de Corea.

No hay duda de que el sistema de valores sociales derivado del patriarcalismo autoritario y del familismo confucianistas ha servido positivamente para apuntalar el crecimiento económico de Corea. El respeto que el confucianismo concede a la autoridad y a los mayores permitió que la sociedad entera se moviera al unísono como una gran familia y que las apetencias y quejas de los subordinados fueran silenciadas en pos del bien común. Cabe preguntarse, sin embargo, si este sistema de valores seguirá dando resultado en una sociedad que se está tornando tan individualista como la de los países occidentales y en un mundo en el que todo se maneja con frías leyes de mercado y de competencia. La advertencia llegó de un modo claro y contundente a través de la Crisis de Divisas que Corea y otros países asiáticos sufrieron en 1997, la cual obligó a reestructurar por completo la economía del país.

Confucianismo y democracia

Del mismo modo que el confucianismo influyó positivamente en el desarrollo económico, cabe inquirir si hubo un influjo similar en el desarrollo de la democracia coreana.

A diferencia de Corea del Norte que está gobernada por un régimen dictatorial y hereditario desde hace más de medio siglo, en Corea del Sur se ha ido afianzando la democracia política a la par del desarrollo económico. Gracias al esfuerzo y al sacrificio de la juventud universitaria y de los sectores religiosos y al apoyo masivo de la población entera, se logró que la dictadura militar diera paso a la democracia y que este sistema político arraigara definitivamente en la sociedad al abrigo de toda duda. Este proceso no es tan fácil ni obvio como parece, pues lograr el crecimiento económico y alcanzar la democracia al mismo tiempo parecen metas irreconciliables en muchos países del mundo, como es el caso de los países islámicos de Oriente Medio, por dar un ejemplo.

Una condición sumamente importante para que arraigue la democracia en un país es el nivel cultural de la población. Por más que una sociedad tenga gobernantes capaces y formados, si la población no está preparada para comprender y aceptar las metas que se le plantean, difícilmente se llegará a alguna parte. Está claro que la única manera de mejorar el nivel cultural de los habitantes de un país es a través de la educación, lo cual, naturalmente, es un proceso a largo plazo que requiere de mucha inversión y paciencia.

En Corea, gracias al confucianismo, ya estaba extendida desde hacía siglos la idea de que aprender era la única manera de progresar en la vida. El proporcionar una buena educación a los hijos ha sido y es la meta de todos los padres coreanos, que no dudan en pasar toda clase de sacrificios y privaciones para lograrlo, independientemente de la situación económica que tenga la familia. Gracias a este celo educativo, Corea goza de un índice de analfabetismo inferior al 1%, que es uno de los más bajos del mundo. Mientras existan los medios de prensa y comunicación, la población coreana siempre estará perfectamente informada de lo que sucede en Corea y el mundo. En consecuencia, los políticos no pueden burlarse ni pasar por alto la opinión pública, que siempre demuestra buen juicio y espíritu crítico. En estas condiciones, es prácticamente imposible que en Corea la democracia dé marcha atrás y se retorne a un régimen dictatorial.

Confucianismo y desarrollo editorial

La importancia dada a la educación se ha traducido también en el desarrollo de los libros. No es casualidad que sean de Corea los libros

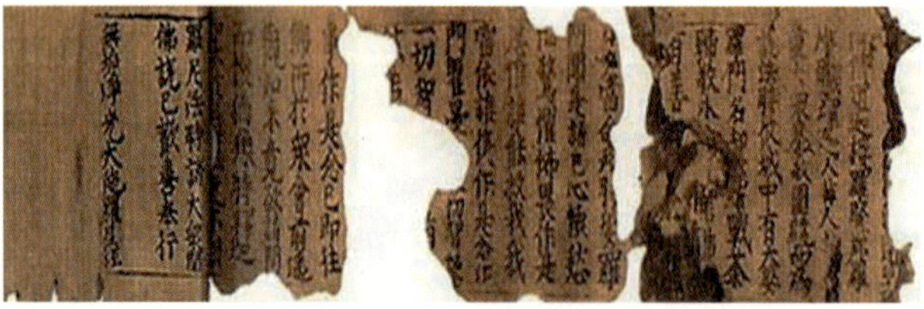

El Dharani Sutra de la Luz Pura encontrado en la pagoda de piedra Seokgatap

impresos más antiguos del mundo: el *Dharani Sutra de la Luz Pura*, que fue impreso mediante planchas xilográficas a mediados del siglo VIII y fue encontrado en el interior de la pagoda de piedra Seokgatap del templo Bulguksa; y la recopilación budista *Jikjisimcheyojol*, más conocida como *Jikji*, que fue impresa mediante tipos metálicos en 1377, es decir, 77 años antes de la Biblia de Gutenberg.

Aunque ambos textos conservados sean budistas, no contradice nuestra opinión de que reflejan la importancia que el confucianismo le concedió a los libros, puesto que la impresión mediante tipos metálicos se desarrolló durante el reinado del rey Sejong (1397-1450), que realizó un esfuerzo

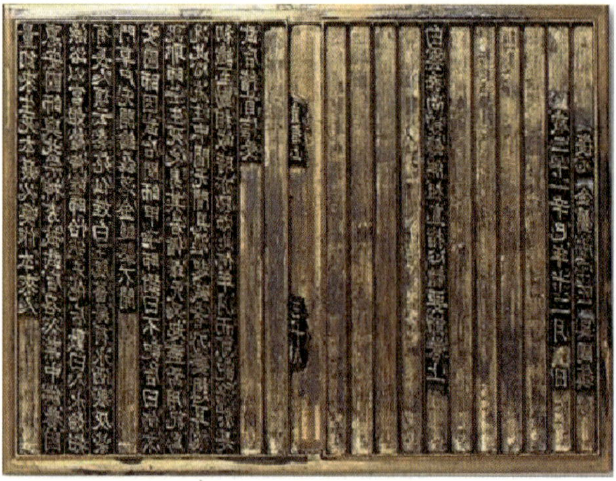

El Jikjisimcheyojol fue impreso con tipos metálicos semejantes a éstos

enorme por difundir el confucianismo en toda la población.

La importancia que tienen los libros en la sociedad coreana continúa hasta nuestros días, ya que la industria editorial de Corea de Sur es una de las diez más grandes del mundo.

4. El confucianismo es una religión

Muchos definen el confucianismo como un sistema de pensamiento ético y filosófico y niegan que sea una religión propiamente dicha. Antes de enzarzarnos en esta discusión estéril, conviene recordar que religión y filosofía no son esferas separadas en el pensamiento oriental, de modo que desde un principio carece de todo sentido hacerse esta pregunta. Por otra parte, hay que tener presente que el objetivo del pensamiento oriental es básicamente ético, puesto que busca las maneras de que el ser humano se acerque a su esencia más auténtica en el tiempo y el espacio que le ha tocado vivir. En otras palabras, la esfera de interés del pensamiento oriental es siempre este mundo, de modo que es inevitable que las cuestiones de índole metafísica pasen a un segundo plano.

4.1. La fundamentación metafísica del confucianismo

Hecha esta reflexión previa, nos centraremos en los aspectos religiosos que posee el confucianismo. En primer lugar, el mismo Confucio remite repetidas veces a una entidad sobrenatural a la que llama Cielo, diciendo que es quien le ha encomendado la tarea de restaurar la cultura del reino de Zhou en su época. Asimismo, Confucio manifiesta que es el Cielo quien le proporciona el patrón de comportamiento que le permite ajustarse a la cortesía. Esta manera de enlazar su existencia con una entidad que no es de este mundo sino que está fuera y por encima de él es, sin duda alguna, una actitud religiosa.

Esa entidad divina a la que Confucio se refiere en repetidas oportunidades como algo personal e íntimo, en Mencio aparece definido como el principio y origen de todas las cosas. A diferencia de Confucio, que nunca dijo nada sobre la naturaleza del hombre, Mencio sostuvo que el hombre era bueno en esencia. Para probarlo, recurre a varios ejemplos, pero como no resultan suficientes para apuntalar su idea, afirma que los Cuatro Comienzos, que son el origen de la bondad innata del hombre, son un reflejo del mismo Cielo. De este modo, para Mencio el Cielo es el principio universal que le transmite al hombre su sentido de la moral.

El neoconfucianismo del siglo XII adopta esta idea de Mencio de que el principio último de todas las cosas es siempre moral y recurre a conceptos todavía más racionales para explicar el universo diciendo que es la manifestación de las fuerzas abstractas del *li* (理) y el *taegeuk*. Asimismo introduce el concepto del *qi* (氣) para explicar la maldad en el mundo y las diferencias formales de las cosas.

Como se puede apreciar, el sistema filosófico del confucianismo no se limitó a elaborar ideas sobre el mundo real sino que recurrió a ideas metafísicas con el fin de apuntalar su manera de concebir al mundo y al ser humano.

4.2. El rito de veneración a los antepasados

El *jesa* o rito de veneración a los antepasados nos permite apreciar mejor todavía el aspecto religioso del confucianismo. Los estudiosos del confucianismo consideran que el *jesa* es una extensión del amor filial que las personas prodigan a sus padres en vida después de su muerte. Dicen que la celebración del rito no significa que los oficiantes crean en la existencia de una vida después de la muerte y, por ende, que nadie cree en verdad que los fallecidos asistan a la ceremonia celebrada en su honor bajo la forma de espíritus. El rito —concluyen— es simplemente una manera de recordar y rendir homenaje a los progenitores y antepasados. Aún así, nadie que haya asistido alguna vez a una ceremonia confucianista de veneración de los ancestros podrá desembarazarse de la idea de que ha estado presente en un rito religioso.

Desde el punto de vista teológico, todo ser humano posee en su fuero más íntimo el anhelo de superar la muerte y arribar a alguna forma de existencia eterna. Las religiones surgen precisamente como una forma de superar este miedo universal a la muerte. Algunas creencias, como el cristianismo, sostienen que existe una vida eterna después de la muerte; mientras que otras, como el budismo, enseñan que los seres vivos reencarnan una y otra vez bajo diferentes vidas. A diferencia de estas religiones que poseen una doctrina explícita sobre la vida eterna, en el confucianismo este tema se manifiesta de un modo indirecto. En lugar de postular que el alma de uno permanece después de la muerte, creen que se prolongan a través de los tiempos y a través de los hijos, que son una especie de *alter* ego de su persona. En otras palabras, el *jesa* o rito de veneración a los antepasados es un acto religioso mediante el cual confirman que los muertos no desaparecen sino que siguen vivos en el mundo a través de sus descendientes. Todos forman parte de una larga cadena que puede tener siglos de antigüedad, en la que los antepasados acreditan que la existencia de uno no viene de la nada sino que tiene un origen y una línea de trayectoria y en la que los descendientes otorgan la seguridad de que uno no se morirá definitivamente sino que una parte de él continuará viva a través del tiempo. De este modo, el rito confucianista de veneración a los ancestros proporciona una solución a los dos asuntos cruciales de los que se ocupan las religiones: el sentido último de la vida y la superación del miedo a la muerte.

Incluso desde el punto estructural, el *jesa* presenta todos los componentes de un rito religioso. En primer lugar, en el *jesa* están presentes los tres elementos básicos de toda religión: el ente sobrenatural, el sacerdote y el creyente. En el lugar del ente sobrenatural se encuentran los antepasados, quienes asisten a la ceremonia en su calidad de "vivos muertos". El papel de sacerdote, que es importante en la mayoría de las religiones, no lo es tanto en el confucianismo, pero se puede decir que lo ejerce el primogénito y cabeza de familia, que es quien conduce el rito. El lugar del creyente es ocupado por todos los participantes del rito, que son básicamente los hijos y descendientes del antepasado venerado.

En el ceremonial del *jesa* se pueden rastrear también infinidad de aspectos religiosos, como son las abluciones previas, la ofrenda de incienso, licor y comidas cuidadosamente preparadas y la manera de recibir y despedir a los espíritus de los antepasados. Aunque los confucianistas no crean de manera explícita en la existencia de un alma eterna, todo el *jesa* denota la creencia de que los espíritus de los ancestros se hacen presentes en la ceremonia. Por ejemplo, se deja la puerta abierta y se retiran las cuerdas para colgar la ropa para que no representen un obstáculo para los espíritus. Además, el licor y los platos que se ofrendan en el rito son siempre compartidos entre todos los presentes. De este modo, afirman la idea de que los antepasados invocados y los descendientes pertenecen todos a un mismo origen y linaje. En otras palabras, es una forma de unión simbólica con la divinidad, exactamente del mismo modo que en la misa católica se comparte entre todos el cuerpo de Cristo representado por el vino y la ostia. Por último, es significativo que al

Imagen del Jongmyo jerye, el rito confucianista de veneración de los reyes de la dinastía Joseon, que fue declarado Patrimonio Cultural de la Humanidad por la Unesco en 2001, junto con la música y la danza que lo acompañan.

finalizar el rito se quemen las oraciones que se han leído durante la ceremonia y el papel con el nombre de los antepasados venerados que se coloca a la cabeza de la mesa de ofrendas como si en verdad presidieran la ceremonia. Una vez que se queman, se dejan volar las cenizas al viento. Es la forma de desear que las oraciones lleguen al cielo y los espíritus retornen satisfechos a su morada eterna.

III. El budismo
El pensamiento religioso y filosófico más profundo

1. Buda y el budismo

El historiador Arnold Toynbee afirmó alguna vez que las dos religiones llamadas a conducir el mundo eran el cristianismo y el budismo. De hecho, si exceptuamos al islamismo, la historia del pensamiento humano ha estado dominada a lo largo de 2.000 años por el cristianismo en Occidente y el budismo en Oriente.

Desde Irán hasta Filipinas, todos los países de Oriente han estado bajo el influjo budista en algún momento de su historia. No nos olvidemos de que China fue el país con mayor número de creyentes budistas del mundo antes de que se convirtiera en un país comunista.

1.1. La difusión del budismo

En la India, que es lugar originario del budismo, esta religión perdió todo su poder en los siglos XI y XII debido al auge del hinduismo y la introducción del islamismo. Sin embargo, gracias a la especial importancia que el budismo le concedió a la prédica y la conversión, esta religión se expandió con fuerza imparable por toda Asia.

La originalidad de su cosmovisión, la elevada consideración que se le dio a la compasión, la descomunal cantidad de textos sagrados, las ideas del *karma*[1] y la reencarnación, en fin, la manera en la que el budismo

1) *Karma* significa acción, obra u hecho. Generalmente se lo interpreta como una ley cósmica de retribución, o de causa y efecto. Es la "acción" o "acto" que causa el comienzo del ciclo de causa y efecto. Las buenas intenciones y acciones contribuyen a crear un buen *karma* y a la felicidad futura, mientras que las malas intenciones y acciones crean un *karma* malo y un futuro de sufrimiento. El *karma* se asocia también a la idea de renacimiento. El *karma* del presente afecta al futuro de esta vida, así como también a la naturaleza y la calidad de las futuras vidas o *samsara*.

proporcionó respuestas de una profundidad nunca antes vista a los problemas existenciales más acuciantes para el ser humano representó una tremenda sacudida para el pensamiento asiático.

Un hecho que nos permite imaginar la intensidad de este impacto fue que los tibetanos inventaron por primera vez una escritura propia con el único objeto de transmitir los textos sagrados budistas. Por su parte, el budismo fue el único pensamiento y religión proveniente del exterior que los chinos —quienes siempre se creyeron el centro del mundo y consideraron como bárbara toda cultura que no era la propia— abrazaron de manera total e incondicional.

El primer reino de Corea que adoptó el budismo fue el de Goguryeo en el año 372 y unos años después lo hizo Baekje. Los historiadores explican esta rápida y drástica conversión diciendo que estos reinos acudieron al budismo porque necesitaban una nueva ideología para apuntalar los estados que acababan de constituir. Más allá de esta verdad histórica, es innegable que estos pueblos se rindieron por completo a esta fe superior sin que las creencias vernáculas pudieran representar resistencia u obstáculo alguno.

Una causa importante de que el budismo pudiera transmitirse de un modo pacífico a todos los rincones del mundo es que los budistas le concedieron una importancia primordial a la prédica y la conversión. Baste como ejemplo que el mismo Buda tuvo el cuidado de no enviar más de un discípulo a un mismo lugar.

Además, los budistas siempre evitaron chocar de frente con otras culturas y creencias durante su predicación. Aun corriendo el riesgo de que se distorsionara su doctrina, se esforzaron ante todo por hacer arraigar la religión para después profundizar en la transmisión de los detalles de la doctrina.

Los budistas se sienten orgullosos de que ni una sola vez, ni durante el

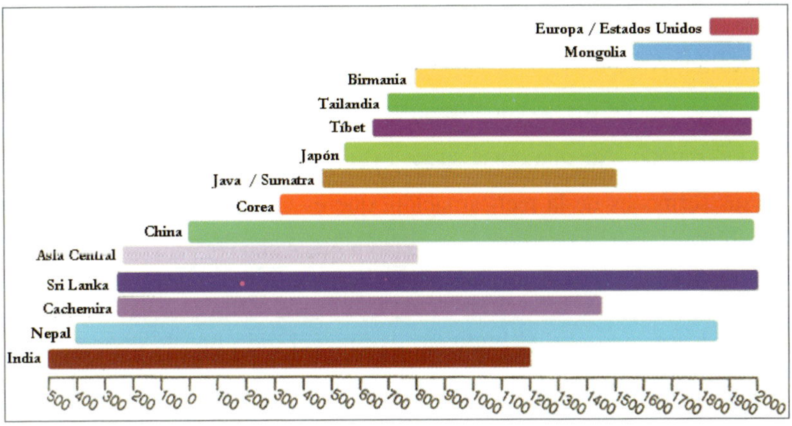

Gráfico comparativo sobre la duración del budismo en distintos países

proceso de transmisión ni después de convertirse en la religión dominante de un lugar, el budismo haya protagonizado un episodio de menosprecio, represión o persecución hacia otra religión.

El racionalismo budista

Comparada con otras religiones del mundo, el rasgo que caracteriza a las enseñanzas budistas es la gran importancia que se le concede a la razón. Esto contrasta fuertemente con las religiones nacidas en Medio Oriente, que enfatizan la fe por encima de todas las cosas.

El budismo considera que los problemas esenciales del hombre se resuelven cuando se ve y se comprende de manera correcta la engañosa realidad, no cuando se cree en el poder y el designio de un ser superior. Esto se aprecia en el hecho de que entre los ocho caminos que postula el budismo para llegar a la iluminación, ninguno se refiere a la fe. En cambio, es significativo que el primero de esos caminos sea la visión o comprensión correcta de las cosas.

Por su parte, Buda se negó a hablar de experiencias místicas y sobrenaturales que no tenían una explicación racional, pues pensaba que eran experiencias demasiado personales e irreales para ser compartidas por todo el mundo. Aunque quizá suene extraño, dicen que Buda nunca habló en sus sermones de la reencarnación, que es uno de los aspectos que se considera centrales del budismo, debido a que es una experiencia de la que la mayoría de las personas no puede dar parte.

Cuando se dice que el budismo es una religión que le concede una importancia primordial a la razón equivale a afirmar que está centrada en el hombre, puesto que confía plenamente en el criterio racional de cada individuo. En lugar de buscar la autoridad fuera de uno mismo, los budistas la exploran en su interior, pues la meta de esta religión es que cada uno se convierta en dueño de sí mismo. Esto se trasluce claramente en lo que Buda les dijo a sus discípulos poco antes de ingresar al Nirvana, cuando le preguntaron cómo debían continuar su práctica una vez que el maestro se marchase. La respuesta de Buda fue que cada uno debía alumbrar su propio camino sirviéndose de la Ley como linterna. Por otra parte, Buda rechazó enérgicamente que se hicieran representaciones suyas y se lo idolatrase, diciendo que en lugar de apoyarse en él, debían seguir sus enseñanzas. Aún más importantes son las palabras que dijo después, en el sentido de que no debían seguirse ciegamente sus palabras y que se debía reflexionar una y otra vez sobre ellas y seguirlas solo en el caso de que se crea que es lo adecuado.

Precisamente en este respeto y confianza absoluta en el ser humano reside el valor del budismo. El hombre no debe sujetarse a ningún poder externo sino que debe levantarse y andar mediante la fuerza de sus propias piernas, pues es la única manera de que una persona madure y se complete. Para el budismo, el ponerse bajo el dominio de una autoridad externa a uno mismo,

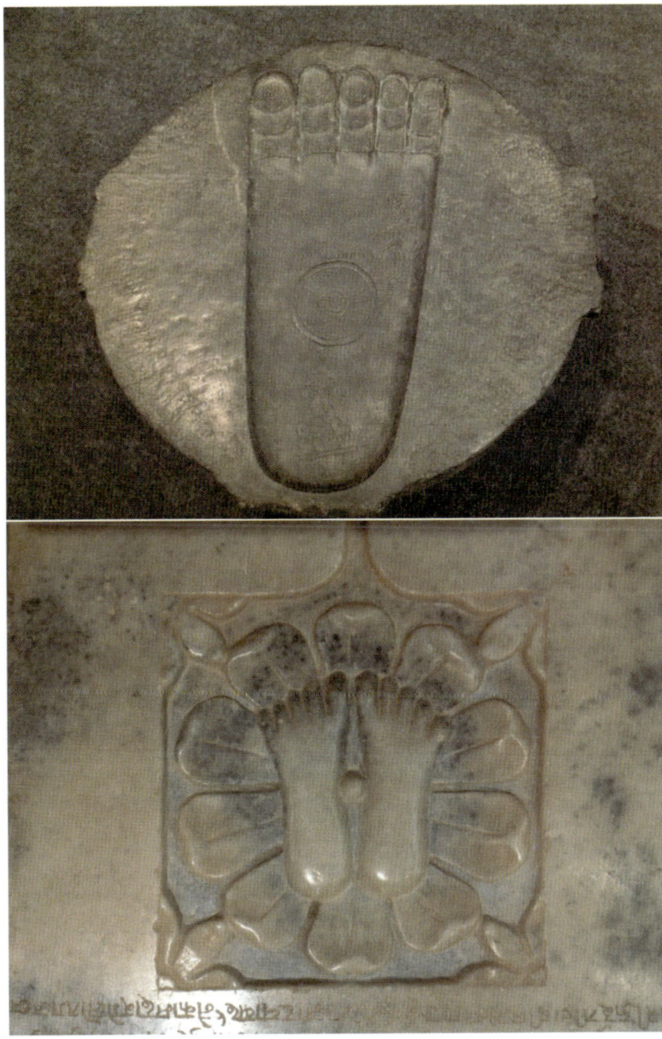

Hasta el siglo I de la era cristiana Buda no fue representado antropomórficamente sino a través de símbolos. Uno de los más comunes fue la Huella de Buda, que representa el impacto de sus enseñanzas en el mundo. En la foto de abajo se aprecia también la Rueda de la Ley, que representa las Cuatro Nobles Verdades. En la foto de arriba los pies de Buda se apoyan en la flor de loto, que representa la prístina naturaleza de Sakyamuni.

por más que este sea un dios o un salvador, es un acto de abandono y renuncia de la propia autonomía y, por lo tanto, un camino de retroceso. Este espíritu de rechazo a todo poder externo a uno mismo fructificó plenamente en el budismo Zen, una de cuyas sentencias más famosas es "Mata a Buda si te lo encuentras en tu camino; y si te encuentras con tu maestro, mátalo también".

1.2. La vida de Siddharta Gautama

Según el pensador alemán Karl Jaspers, entre los siglos VIII y II a. C. se produjo una revolución del pensamiento de características semejantes en Persia, India, China y Occidente, por lo que llamó a este período "la era axial". En Persia apareció Zaratustra y con él apareció el zoroastrismo, que propició el surgimiento de las grandes religiones monoteístas posteriores, como el judaísmo, el cristianismo y el islamismo. En India nacieron Buda y Mahabira, el creador del jainismo. En China aparecieron Lao Tzu y Confucio, entre otros filósofos que sentaron los cimientos de la filosofía china. Y en Occidente vivieron Homero, Pitágoras y Sócrates, entre otros grandes pensadores.

Buda nació en el siglo VI a. C. Su nombre fue Siddharta Gautama y perteneció a la casta de los chatrias, la clase política y militar de la India. Su padre era el rey de Kapilavatthu, una pequeña ciudad fortificada en la actual Nepal, de modo que a diferencia de otros hombres santos, Buda no tuvo un origen humilde sino principesco. Su padre era también jefe del clan sakia, por este motivo Buda es conocido también como Sakyamuni (el Sabio de los Sakya).

Si bien fue un príncipe, el reino en el que Siddharta nació era tan pequeño que estaba en constante peligro de ser invadido por otros reinos más poderosos. Finalmente el peligro se hizo real y Kapilavatthu desapareció del mapa devorado por otro reino, poco después de que Buda abandonara su

Pintura budista que representa el sueño que tuvo Maya, la madre de Siddharta, al quedar embarazada. En el sueño, un elefante blanco de seis colmillos venía volando por los aires y se metía en su axila.

hogar y se iniciara en el camino de la iluminación. Dicen que cuando Buda tuvo noticia del suceso y se imaginó a la población de su tierra natal masacrada y convertida en esclava de los invasores, se entregó de lleno a la tristeza, al dolor y a la ira.

Como ocurre con todos los hombres santos, la vida de Buda está rodeada de leyendas. Según una tradición oral, Buda no nació en Kapilavatthu sino en Lumbini, a la vera de un camino, cuando su madre se dirigía a su tierra natal para dar a luz a su hijo, como era costumbre en la época. Por esta razón, algunos aducen que los grandes santos no nacen en casas sino en medio del camino, como una metáfora de que pasarán toda su vida en las calles predicando y ayudando a los demás. De cualquier modo, la madre de Buda murió al poco tiempo de dar vida a su hijo, por lo que Siddharta fue criado por su tía Payapati, quien se convertiría luego en la primera mujer en ser monje budista de la historia.

Después del nacimiento de Siddharta, su padre llamó a un sabio adivino al palacio y le preguntó sobre el futuro que le esperaba al príncipe. El sabio

Pintura que representa el nacimiento de Siddharta

respondió que el niño se convertiría en un gran rey que gobernaría con sabiduría sobre un extenso territorio o bien en un gran maestro que alcanzaría la iluminación religiosa. Esta última posibilidad consternó a su padre, que deseaba que su hijo siguiera sus pasos y heredara el trono.

Un día Siddharta vio cómo un pequeño insecto escapaba de ser devorado por otro insecto más grande y cómo este último a su vez era engullido por un pájaro que se había lanzado sobre él. La observación de este hecho representó un gran golpe para Siddharta e hizo que se pusiera a reflexionar en por qué los seres vivos se devoraban y destruían unos a otros. Seguramente esto guarda relación con la situación particular del reino de Kapilavatthu, que estuvo siempre a merced de otros reinos más poderosos, pero este sentimiento de amenaza y peligro constante también debió haber influido para que el budismo desarrollara el amor y el respeto no solo al ser humano sino a todos los seres vivos y tuviera esa orientación tan pacifista que le es propia.

Mucho más conocida, pero también con más visos de leyenda, es la historia que dice que el padre de Siddharta decidió protegerlo de los sufrimientos y la tristezas de la vida para evitar que se desarrollara su veta espiritual, temiendo que el príncipe abandonara el reino para dedicarse a la vida ascética. Con este fin, el padre le habría construido palacetes en los lugares más hermosos del reino y le habría proporcionado una vida llena de comodidades, lujos y placeres.

El mismo Buda admitió, después de alcanzar la iluminación, que disfrutó de todos los placeres que puede darse el hombre, pero advirtió a sus discípulos que este tipo de goces sensoriales no ayudaba en nada al crecimiento espiritual. Buda no condenó el poder, la buena comida y las mujeres porque fueran malas y condenables en sí mismas sino porque los placeres sensoriales son goces externos al ser humano, es decir, no nacen de él sino que hacen que el hombre dependa de ellos para ser feliz. Refiriéndose a la vanidad de estos goces, dijo que eran como darle agua salada al sediento, agua que en lugar de saciar la sed, la aumentaba.

Volviendo a la leyenda, dicen que en medio de esa vida regalada y encerrada entre los muros del palacio, Siddharta tuvo la oportunidad un día de atravesar las cuatro puertas que protegían la fortaleza que constituía su morada. En la primera puerta vio a un anciano, lo que le hizo caer en la cuenta de los estragos que provocaba la vejez en el ser humano. En la segunda puerta vio un cadáver y se dio cuenta de que el hombre estaba a merced de la muerte. En la tercera puerta vio a un mendigo enfermo y supo lo mucho que podía sufrir un hombre debido una enfermedad. En la última puerta vio a un anacoreta de aspecto sabio y apacible y decidió que él

Siddharta conoce la vejez, la muerte, la enfermedad y la vida ascética

también se convertiría en un monje de vida ascética.

Por supuesto que esta historia no es más que un invento de la imaginación popular, pero ilustra muy bien el modo en el que Buda se dio cuenta de la futilidad de esta existencia que está sujeta al nacimiento, la vejez, la enfermedad y la muerte. Entonces se preguntó para qué nace el ser humano, de dónde viene y a dónde va, si existe alguna manera de poner fin al sufrimiento que implica toda existencia y si es posible alcanzar la felicidad eterna, por lo que consagró el resto de su vida a buscar la respuesta a todas estas cuestiones. Para ello se rapó la cabeza y partió sin ninguna pertenencia, ataviado con el vestido amarillo de los monjes itinerantes.

Buda vivió hasta los 29 años como un príncipe dentro de los muros del palacio. Incluso se casó con una joven llamada Yasodhara, con la que tuvo un hijo. Dicen también que le dio el nombre de Rahula, que significa "obstáculo", pues habría nacido en los días en que había decidido marcharse del palacio y no quiso que fuera un impedimento para su partida. Con el correr del tiempo, el joven Rahula se convirtió en discípulo de su padre y fue ordenado monje, llegando él también a ser un iluminado, aunque se cuenta que en el proceso fue amonestado muchas veces por Buda por su comportamiento díscolo y rebelde.

La iluminación de Buda

No sc sabc mucho de la vida que llevó Buda después de dejar el palacio. Dicen que fue en busca de los dos gurús más famosos de entonces y compartió con ellos una vida de extremo ascetismo, pero aun así no encontró las respuestas a las preguntas de su corazón.

Según las remembranzas del mismo Buda, se sometió a una vida de austeridad tan extrema que estuvo a punto de perder la vida. Para empezar, dejó de comer, por lo que se convirtió en piel y huesos. Asimismo se quedó sentado semanas enteras meditando en la posición de loto sin moverse, a tal

Estatua de Buda en estado esquelético que lo representa en la etapa de ascetismo extremo

punto que los pájaros fabricaban nidos en su cabeza. Incluso contenía la respiración durante larguísimos minutos.

Una vez que alcanzó los límites de la vida y la muerte con estas y otras duras prácticas ascéticas, llegó a la conclusión de que no conducían a ninguna liberación. Decidió entonces emprender un camino diferente y, como una forma simbólica de expresar su resolución, se bañó en un río. Cuando salió del agua, una niña le tendió un tazón de arroz con leche, con el que Buda puso fin al prolongado ayuno que había llevado.

Después de que lo abandonaran los cinco compañeros que lo habían acompañado en su vida ascética, Buda prosiguió su camino solo hasta que se sentó a la sombra del famoso árbol *bodhi* o árbol de la sabiduría. Allí tomó la determinación de no levantarse hasta alcanzar la iluminación, la cual consiguió al cabo de siete días a la edad de 35 años.

Por supuesto, el proceso no fue fácil. Como en toda experiencia mística, tuvo que pasar por lo que se conoce metafóricamente como "la oscura noche del alma". Según cuenta la tradición, tuvo que superar los ataques de los demonios, que se le aparecieron bajo formas tenebrosas y seductoras para interrumpir su meditación. Seguramente fue la lucha que se entabló en su corazón entre sus últimas preocupaciones mundanas y su auténtico yo. Al término de esta larga noche, cuando salieron los primeros rayos de sol, Siddharta se convirtió en Buda, que significa "despierto" o "iluminado".

La iluminación equivale a un estado de liberación total, en el que el ser ya no está sujeto a los vaivenes del deseo, la ira y la ignorancia, y superando todas las dualidades alcanza un estado pleno, más allá del tiempo y del espacio, la vida o la muerte. En otras palabras, el ser queda libre de las cadenas del *samsara*, la interminable rueda de las reencarnaciones. Esto equivale a decir que su *karma* ha quedado libre de toda deuda y ya no acumula otras cargas. Para alcanzar este estado, el ser debe despojarse por

Buda asediado por los demonios antes de alcanzar la iluminación debajo del árbol bodhi

completo de su yo y apagar los deseos del corazón, pues cuando dejamos que estos gobiernen nuestros pensamientos y acciones, no hacemos más que aumentar las cuentas del *karma* que tendremos que pagar en vidas futuras.

Una vez que Buda alcanzó la iluminación, dicen que permaneció un tiempo más debajo del árbol *bodhi* disfrutando de la dicha de la liberación y reflexionando si era conveniente enseñar a los demás la sabiduría que había adquirido, pues sabía que muy pocos serían capaces de comprender su mensaje. Sin embargo, recurriendo a la imagen de una casa en llamas, dicen que Buda se lanzó al mundo a predicar su conocimiento para salvar a los hombres del fuego que significa el sufrimiento. Lo primero que hizo fue buscar a los antiguos compañeros que habían compartido con él los años de vida ascética. Estos se convirtieron en sus primeros discípulos y así surgió la primera comunidad monástica budista. A partir de entonces y a lo largo de más de cuarenta años, Buda se dedicó por entero a predicar su doctrina para morir finalmente a la edad de 80 años.

2. La doctrina budista

El budismo no dice que sea necesario profesar o creer en un dogma determinado para que el ser humano encuentre la salvación o la respuesta a sus problemas esenciales. En lugar de la fe, propone un diagnóstico exacto de cuál es la situación existencial del hombre y ofrece un remedio para ello. El remedio es conocer las siguientes Cuatro Nobles Verdades del budismo.

2.1. Las Cuatro Nobles Verdades

Toda existencia es sufrimiento

Para buscar la respuesta a las preguntas esenciales del hombre, el budismo parte de una evaluación exacta de la situación existencial del ser humano, la cual se resume en la idea de que toda existencia es sufrimiento. Nacer a la vida implica estar expuesto a las congojas y padecimientos.

Se trata de una cosmovisión que se puede calificar de muy propia de la India, donde las condiciones de vida han sido siempre muy difíciles. Contrasta, por ejemplo, con el modo de ver la vida de los chinos, para quienes no existe mayor bendición que una vida longeva.

Por supuesto, también experimentamos alegría y felicidad mientras vivimos, pero estos sentimientos, además de ser efímeros, no son absolutos sino relativos, puestos que son positivos por contraposición al dolor y al sufrimiento. Por otra parte, mientras todas las cosas que nos proporcionan placer sean externas a nosotros –como el sexo, el poder o el dinero–, siempre estaremos a merced de ellas y no seremos dueños de nuestra existencia.

Para el budismo, los sufrimientos básicos del hombre son cuatro: el nacimiento, la vejez, la enfermedad y la muerte. A menudo se agregan estos otros cuatro: la separación de los seres queridos, el encuentro con los seres odiosos, el no alcanzar lo que deseamos y, por último, todos los aspectos físicos y mentales de nuestro cuerpo que están en continuo cambio.

La causa del sufrimiento es el deseo

Una vez que se tiene el diagnóstico exacto del mal que aqueja a la existencia del hombre, es el turno de averiguar el origen de ese problema. Ya sabemos que el sufrimiento es lo que hace difícil nuestra existencia, ahora hay que determinar qué causa el sufrimiento.

Tradicionalmente el budismo enseña que el deseo, la ira y la ignorancia son el punto de partida de todos nuestros sufrimientos, pero señala al deseo como la principal de todas estas causas. El deseo, conocido también como apego, aferramiento o anhelo, es como una sed que nunca termina de saciarse. Los deseos nos llevan a hacer esfuerzos denodados para su consecución, pero aunque logremos alcanzarlos, la satisfacción es solo momentánea. Al poco tiempo crece la insatisfacción y nos empuja a ir tras otro anhelo todavía más lejano y difícil. De este modo, el hombre pasa toda su vida detrás de anhelos vanos.

Los textos budistas expresan de diversas maneras la infinita codicia del ser humano. Por ejemplo, dicen que aunque todo el universo estuviera hecho de oro, plata y piedras preciosas, y el hombre alcanzara a poseerlas todas, nunca estaría completamente satisfecho. Puesto que nuestros anhelos son infinitos y nunca se verán satisfechos en su totalidad, lo inteligente no es ir detrás de su cumplimiento sino de la manera de eliminarlos de raíz. La supresión de los deseos es, pues, el modo más rápido y eficaz de alcanzar la felicidad para el budismo.

Los deseos o apegos no son solo cosas visibles y palpables, como el dinero, el poder, la fama o el placer sexual. En la base de todos estos deseos visibles se encuentra el mayor apego de todos, que es el deseo de ser, de existir. En efecto, la mera conciencia de estar existiendo engendra deseos y apegos. Apenas nos damos cuenta de que estamos vivos, desarrollamos un pensamiento egocéntrico y caemos en la falsa creencia de un ego permanente y absoluto. La conciencia del "yo" deriva inmediatamente en la conciencia de "lo mío", es decir, aparecen los deseos y los apegos que son los que generan todos nuestros sufrimientos.

El análisis de cómo se crea el concepto del yo es el núcleo de la doctrina budista y el modo de superar o eliminar ese ego es el camino o la salvación que propone el budismo.

El sufrimiento puede ser superado

Debido a que el budismo sostiene que la vida no es más que sufrimiento, muchos piensan que es una religión nihilista y pesimista. Sin embargo, junto al diagnóstico correcto de lo que es la existencia, el budismo ofrece la manera de eliminar por completo ese sufrimiento, por lo que en realidad es una religión que proporciona la gracia y la salvación.

El estado que se alcanza cuando uno se libera del sufrimiento es el Nirvana, que es una esfera espiritual en la que el ser se encuentra libre de todas las ataduras que producen los deseos y apegos y, por ende, se encuentra libre de las cadenas de la reencarnación. Es un estado de libertad total, en el que el espíritu puede elegir libremente su vida, sin ser perturbado por los factores externos que comprometen su independencia. Precisamente el sentido etimológico de Nirvana es "apagar de un soplo" y alude a la quietud y serenidad que alcanza el espíritu cuando se apagan todos los deseos, anhelos, obsesiones, odios y pasiones.

En este estado de felicidad y serenidad plena que es el Nirvana, el falso yo que construimos queda neutralizado y el espíritu ya no es perturbado por los pensamientos. En este sentido, el Nirvana es también un estado de perfecto equilibrio y concentración. Cabe acotar que la mayoría de las corrientes de pensamiento de la India propugnan como finalidad última la extinción de la conciencia del yo y la anulación de los sentimientos y pensamientos que agitan al espíritu, del mismo modo que el budismo.

El Noble Camino Óctuple

En la presentación de las Cuatro Nobles Verdades, Buda actúa como un médico que cura una enfermedad. La primera verdad consiste en la observación del *síntoma*, esto es, que el sufrimiento enferma nuestra vida. La segunda verdad consiste en el *diagnóstico* de la enfermedad, es decir, en la determinación de que los deseos y apegos son la causa de nuestro sufrimiento. La tercera verdad equivale al *pronóstico* de recuperación, puesto que habla de la posibilidad de extirpar por completo la enfermedad alcanzando el estado de Nirvana. Por último, la cuarta verdad consiste en la *prescripción* de un remedio que conduce a la curación, que es el Nirvana, la iluminación.

Las tres primeras verdades, en la medida en que comprenden el análisis de los problemas que aquejan la existencia humana, pertenecen a un terreno que es común tanto a la filosofía como a la religión. La cuarta verdad, en cambio, por ofrecer una vía para solucionar todos esos problemas, es lo que le concede al budismo su indudable carácter de religión. Por otra parte, a diferencia de los filósofos, los fundadores de religiones como Buda no se guardan la sabiduría para sí sino que, motivados por la merced y el amor a sus semejantes, se esfuerzan denodadamente por transmitirla a los demás.

La cuarta verdad, que es también la más importante, porque a través de ella Buda enseñó el modo de alcanzar la iluminación, se resume en el concepto de "camino medio". El camino medio es el camino de la moderación, el que huye de los extremos, es decir, tanto de la indulgencia con los placeres como de la mortificación ascética. Este camino medio es también llamado Noble Camino Óctuple, que consiste en poner en práctica lo siguiente:

1. Visión o comprensión correcta
2. Pensamiento correcto
3. Habla correcta
4. Acción correcta
5. Medio de vida correcto
6. Esfuerzo correcto
7. Atención correcta
8. Concentración o meditación correcta

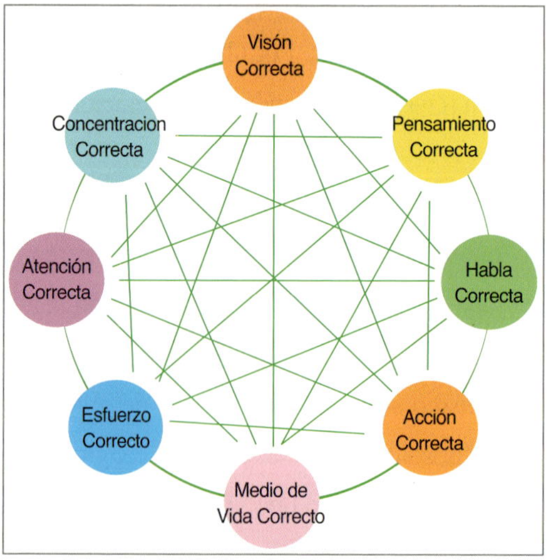

Los dos primeros consisten en la práctica de la sabiduría; el tercero, cuarto y quinto en la práctica de una conducta ética; y el resto en el cultivo de la mente por medio de la disciplina y la meditación. No son una serie de pasos progresivos sino que son ocho elementos que deben ser desarrollados de manera más o menos simultánea de acuerdo a la capacidad de cada individuo. Por otra parte, todos están relacionados y cada uno de ellos ayuda a cultivar los demás.

La parábola del condenado a muerte

Para ilustrar que vivimos una existencia llena de peligros y angustias, Buda recurrió a la parábola del condenado a muerte.

Un condenado fue sentenciado a morir pisoteado por un elefante, pero tuvo la suerte de poder escapar a último momento. Mientras huía del animal que lo perseguía, divisó un pozo de agua. Afortunadamente crecía una hiedra en la rama del árbol que estaba junto al aljibe, por lo que se aferró a la planta para bajar al interior del pozo. Cuando respiró aliviado de haberse escapado del elefante, se dio cuenta de que en las grietas del pozo anidaban serpientes venenosas. Espantado, bajó todavía más, pero entonces vio los ojos brillantes de los cocodrilos que lo esperaban con las fauces abiertas en el fondo. Quiso entonces salir del lugar, pero entonces vio que una enorme y horrenda rata se columpiaba en la hiedra de la que estaba sujeto. Desesperado, se puso a llorar pensando que lo mejor habría sido morir aplastado por el elefante, pero entonces empezaron a caer gotas de miel del nido de abejas que había en la rama del árbol. En ese instante, olvidándose de todas sus desgracias, se puso a lamer la miel con fruición y embeleso.

Buda explica que la situación de este condenado a muerte es la existencia de todo ser humano, puesto que la muerte es algo que pende sobre nuestras cabezas desde nuestro nacimiento. Aunque escapando de ella, nos escondemos en un pozo en el que nos creemos a salvo, somos atormentados por los límites de nuestro yo, es decir, por el apego, la ira y la ignorancia, que están simbolizados por las serpientes, los cocodrilos y la rata. Las gotas de miel que nos hacen olvidar el peligro en el que estamos son los placeres mundanos, que nos ciegan por completo e impiden que sepamos dónde estamos y qué estamos haciendo de verdad en este mundo.

2.2. La teoría de la inexistencia del yo

La negación del yo es una de las enseñanzas centrales del budismo, pero también es la que ha despertado mayor polémica.

El sentido común nos dice que todos y cada uno de nosotros somos una individualidad que posee su propio yo. Aunque las manifestaciones de este yo pueden cambiar con el tiempo y las circunstancias, pensamos que dentro de nosotros hay una entidad o sustancia que permanece inalterada. Todas nuestras sensaciones físicas, así como nuestros pensamientos y sentimientos surgen y se desarrollan en torno a este yo.

Sin embargo, el budismo sostiene que el yo no es más que una fantasía, una falsa construcción que se origina por la suma de cinco agregados:

1. El cuerpo o la forma material: aquello de lo que está compuesto toda materia.
2. Las sensaciones y los sentimientos: los datos sensoriales que se perciben a través de los cinco sentidos y los sentimientos que nos inspiran.
3. La percepción y la memoria: cumplen la función de catalogar, reconocer e identificar los objetos sensoriales y mentales.

4. La actividad mental: las construcciones o representaciones que realizamos cuando percibimos un objeto.
5. La conciencia: la manera en que el conocimiento del objeto se hace consciente en nosotros.

Las experiencias individuales de toda persona se reducen a estos procesos físicos y mentales. El individuo es la suma de estos procesos cambiantes e interdependientes y no existe dentro de él un alma o esencia eterna e inmutable, como sostienen el cristianismo y muchas otras tradiciones religiosas.

Si el "yo" no es eterno ni inmutable sino que está sometido a los cambios, el mayor de los cuales es la muerte, no puede ser sino una fuente de sufrimiento. Sin tener conciencia de que el "yo" no existe sino que es una construcción mutable y temporal que nos hacemos de nosotros mismos, nos aferramos a él. Este apego al "yo" es lo que despierta en nosotros los deseos, que son los que nos hacen sufrir toda suerte de temores, insatisfacciones y culpas y a la larga nos lleva a renacer en distintas vidas.

La iluminación, es decir, el Nirvana, no es más que la aniquilación del "yo". Para suprimir el "yo" es preciso aceptar y comprender que el "yo" no existe, y al mismo tiempo tomar conciencia de los procesos que llevamos a cabo todo el tiempo para construir el falso "yo". A la consecución de este difícil fin se encaminan todas las prácticas y disciplinamientos budistas. De cualquier manera, está claro que la iluminación es un proceso de adquisición de conocimiento y no un acto de fe.

Lamentablemente, desde el momento en el que nacemos vivimos condicionados por nuestros padres, el medio, la sociedad, la educación y un sinfín de factores externos que llenan nuestra mente de toda clase de preconceptos y perjuicios, por lo que nos resulta terriblemente difícil tomar conciencia de la verdad y escapar de la ignorancia en la que vivimos sumergidos. Por esta razón, a diferencia del budismo primitivo que decía que cada uno de nosotros debía ser su propia linterna para buscar la verdad, en las ramas budistas posteriores se recurrió a la ayuda de fuerzas externas poderosas como la de Buda Amitabha para poder liberarse del "yo".

Matizaciones de la teoría de la inexistencia del yo

De toda la doctrina budista, el principio de la inexistencia del yo es el más difícil de comprender para los occidentales. Desde el punto de la vista de la cultura occidental, que no solo no puso nunca en duda la existencia del individuo y la individualidad de las cosas sino que basa toda su civilización y sistema de pensamiento precisamente en este concepto de la individualidad,el budismo es una religión sumamente nihilista.

Sin necesidad de colocarnos en la postura occidental, vale la pena preguntarse si en verdad el budismo enseña que no existe el yo. El sentido común nos dice que si no existe el "yo", tampoco tiene sentido decir que la existencia es sufrimiento, puesto que si no existe el sujeto que experimenta el dolor, tampoco existe el padecimiento. Esta contradicción manifiesta se resuelve fácilmente si entendemos que cuando el budismo dice que no existe el "yo", no quiere decir que no exista el sujeto sino que lo que pensamos que es el "yo" no es tal sino una construcción falsa e imaginaria de nuestra mente. Cuando logramos superar el "falso yo" y alcanzamos el "auténtico yo", entonces nos libramos de las dicotomías y los conceptos relativos como son el "existir-no existir" y entramos en el campo de lo absoluto.

El budismo hizo especial hincapié en la doctrina de la inexistencia del yo porque en la época de su surgimiento competía con el hinduismo por el poder religioso en la India y necesitaba diferenciarse de este. Siendo una religión nueva y emergente, la estrategia que utilizó el budismo para sobrevivir como fe fue abanderarse en la doctrina de la inexistencia del yo, que era un concepto que no solo no estaba presente en el hinduismo sino que era contrario al núcleo doctrinal de esta religión.

El mismo Buda tuvo una actitud muy flexible y no manifestó una opinión constante respecto de la no existencia del yo. Cuando venía a verlo alguien que sostenía que el yo era eterno, le replicaba diciendo que el yo no existía; pero si venía otro que pensaba que el yo no existía, le demostraba que sí existía. Durante los primeros 200 y 300 años después de la muerte de Buda, coexistieron las dos teorías de la existencia y la inexistencia del yo, pero posteriormente, por la razón que manifestamos más arriba, triunfó la teoría de la inexistencia del yo y se convirtió en la doctrina más representativa del budismo.

2.3. La teoría de la interdependencia

Junto a la teoría de la inexistencia del yo, siempre se menciona la teoría de la interdependencia, que ocupa un lugar igualmente prominente y básico en la doctrina budista. Puesto que al negar la existencia del yo se niega la existencia de las cosas en sí mismas, las cosas se tornan comprensibles solo en relación unas con otras. Según esta teoría, en este mundo todo es relativo y nada es absoluto. Las cosas existen bajo determinadas condiciones y en mutua dependencia unas de otras. Nada existe ni se define por sí mismo sino siempre en relación con otras cosas. Para explicar esta teoría de la interdependencia, se suele mencionar este sencillo axioma:

"Esto" existe porque existe "aquello"

y "esto" sucede porque sucede "aquello".
Si "esto" no existe, no existe "aquello"
y si "esto" no sucede, no sucede "aquello".

La complicadísima teoría de la causa y efecto budista parte de este concepto de interdependencia. El budismo habla de los doce vínculos generadores de dependencia: la ignorancia, la acción, la conciencia, el nombre y la forma, las seis esferas sensoriales, el contacto, las sensaciones, el ansia, el aferramiento, la existencia, el nacimiento y la vejez y la muerte. Estos vínculos son las doce etapas que explican cómo se genera y se despliega la vida de los seres humanos a partir del *karma*, que nos hace entrar y salir de una vida a otra en el círculo de las reencarnaciones. Desde otro punto de vista, los doce vínculos describen las transformaciones que experimenta el hombre en su interior a lo largo de su vida.

Como nada existe de manera absoluta ni para siempre sino que todo cambia, aparece y desaparece según su relación a otras cosas, la existencia se caracteriza por la no permanencia, es decir, la transitoriedad. Puesto que nada existe de verdad, el segundo rasgo de la existencia es la impersonalidad o inexistencia del yo. El tercer rasgo es la insatisfacción, el sufrimiento que se genera cuando descubrimos los dos primeros rasgos de la existencia. Los tres constituyen lo que el budismo llama los Tres Sellos o marcas de la vida y resumen muy bien su modo de ver el mundo.

2.4. La universalidad de la verdad budista

El budismo no sostiene que la doctrina que hemos visto a grandes rasgos hasta ahora sea exclusiva de esta religión. En otras palabras, no se considera a sí mismo poseedor de la única verdad que existe en el mundo. Por el contrario, acepta que las enseñanzas de las otras religiones sean igualmente verdaderas. En este sentido, el budismo ha manifestado siempre una apertura y flexibilidad que difícilmente se puede encontrar en otra religión.

Buda explicó con la parábola de la antigua ciudad que sus enseñanzas no le pertenecían en exclusividad. En esta parábola compara a la verdad con una antigua ciudadela o castillo que está oculta por un frondoso bosque y que él descubre al transitar por un viejo sendero olvidado. Se da cuenta entonces de que hubo muchos otros sabios que descubrieron la antigua ciudadela antes que él y fueron sus huellas las que lo condujeron hasta el lugar. La antigua ciudadela es la verdad, que es eterna e inmutable. Los antiguos sabios que llegaron al lugar antes que Buda son los iluminados del pasado y, así como Buda fue uno de los tantos que encontraron el camino, se sugiere que de seguro habrá otros en el futuro.

Esta manera de pensar del budismo respecto del iniciador de su fe contrasta fuertemente con la que manifiestan otras religiones sobre sus fundadores. En el cristianismo, por ejemplo, Jesús es el único hijo de Dios, el único salvador que llegó al mundo para redimir a los hombres de sus pecados. En el islamismo, Mahoma es el último profeta, el que llega para perfeccionar la verdad revelada por el judaísmo y el cristianismo. Buda, en cambio, es solo uno de los tantos iluminados que ha habido y que habrá en el mundo. La única diferencia con los iluminados del pasado es que el *karma* de Buda en este mundo no fue solo despertar a la verdad sino difundirla a sus semejantes a través de sus enseñanzas. Si no hubiera nacido con ese *karma*, se habría guardado la verdad para sí o la habría compartido solamente con unos cuantos discípulos. Sin embargo, durante cuarenta años caminó de manera incansable entre diez y veinte kilómetros diarios para transmitir sus enseñanzas, convirtiéndose finalmente en el iniciador de una religión de alcance global.

En definitiva, como el budismo no sostiene que Buda sea el único ni el último salvador del mundo, no tiene ninguna necesidad de enfrentarse o rechazar otras religiones. Es más, el budismo enseña que los creyentes deben superar su propia condición de budistas para alcanzar la verdad. En esto precisamente radica la grandeza, la tolerancia y la amplitud del budismo.

3. El desarrollo del budismo

De ser una pequeña congregación religiosa en sus principios tras la muerte de Buda, hacia alrededor del comienzo de la era cristiana se transformó en lo que se conoce como el budismo Mahayana, literalmente "Gran vehículo". Esta escuela budista se difundió a través del norte de la India hasta China, Corea y Japón. En los países del Himalaya, como Nepal, Bután, Mongolia y la región del Tíbet, el budismo Mahayana se fusionó con creencias autóctonas y se transformó en el budismo Vajrayana, que significa literalmente "Vehículo o Camino del Diamante". La tercera rama importante es el budismo Theravada, que significa "Palabra o doctrina de los antiguos", y es la religión predominante en los países del Sudeste Asiático, como Camboya, Laos, Sri Lanka, Tailandia y Birmania.

La escuela Theravada o Hinayana es la escuela más antigua y pone énfasis en la iluminación individual. Aquellos que lo consiguen se llaman *arhat* o *arahant*. En cambio, el budismo Mahayana pone énfasis en la iluminación de todos los seres y los que lo logran reciben el nombre de bodhisattvas. En ambos casos la iluminación libera del ciclo de nacimiento y muerte, aunque la diferencia es que el bodhisattva no tiene voluntad de liberarse del ciclo hasta que no lo hagan también todos los seres.

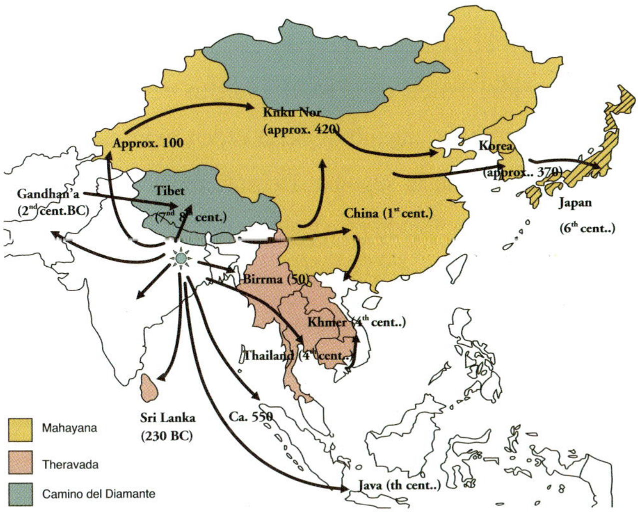

Difusión de las principales escuelas budistas

El budismo Vajrayana es también conocido como budismo Tántrico. Aunque es una extensión del Budismo Mahayana, se diferencia de este en la adopción de técnicas adicionales para alcanzar la iluminación, pues la finalidad de esta escuela es alcanzar el estado de Buda lo antes posible, incluso en esta misma vida. La técnica o vía más importante de esta escuela es el *tantra*, que es un cuerpo de creencias y prácticas esotéricas que trabajan sobre el principio de que el universo que experimentamos es la manifestación concreta de la energía divina y buscan apropiarse y canalizar ritualmente esa energía en el interior del microsmos que es el hombre de una manera creativa y liberadora.

3.1. El budismo Mahayana

Algunos siglos después de la muerte de Buda, el budismo experimentó varios cambios. El más importante de todos es que se convirtió en una religión centrada en el monasticismo y el disciplinamiento de los monjes. Esta transformación iba en contra del espíritu de Buda, que no hizo diferencia alguna entre los miembros de la orden monacal que creó y los creyentes particulares que lo seguían. Durante toda su vida Buda criticó severamente la concentración de privilegios y poderes en manos de la casta sacerdotal de los brahmanes, pero a la postre terminó produciéndose el mismo fenómeno en el seno del budismo.

Este giro conservador contravenía el segundo principio más importante del budismo que dice: "Primero alcanza la iluminación a través del cultivo del espíritu y luego instruye a los demás seres", sobre todo porque no cumplía la segunda parte del precepto. Al ir creciendo el descontento, hacia la era cristiana nació un movimiento nuevo en el budismo liderado por los monjes más jóvenes. Criticando el budismo antiguo como una religión centrada en la salvación de unos pocos, le dieron el nombre de budismo Hinayana, que significa "carro o vehículo pequeño", y para diferenciarse de estos tomaron el nombre de budismo Mahayana, que significa "vehículo grande", es decir, un budismo donde hay cabida para todos.

Debido al gran énfasis que puso el budismo Mahayana en el amor al prójimo, surgió en primer plano la figura del bodhisattva. En el sentido más general del término, el bodhisattva es toda persona que se embarca en el camino de la iluminación budista. En el budismo Mahayana, el bodhisattva es un ser que, embuido de amor y compasión, vive comprometido en reducir el sufrimiento de los demás. Como una demostración de su inmenso amor por el prójimo, hubo bodhisattvas que se negaron a alcanzar el Nirvana mientras quedara en el mundo un solo ser que no pudiera seguirlos en el camino de la iluminación y otros que prefirieron permanecer en el infierno compartiendo el sufrimiento de los castigados. El bodhisattva se convirtió, pues, en el ideal de vida de todo creyente budista. Así, pues, un gran número de bodhisattvas famosos, algunos reales y otros míticos, llenaron el panteón del budismo Mahayana a lo largo de la historia. Los más conocidos son Avalokiteshvara, Ksitigarbha, Manjusri y Mahasthamaprapta, entre otros.

La forma más racional de explicar lo que es un bodhisattva es decir que es el resultado de la personificación o, mejor dicho, la deificación de las muchas virtudes y poderes de Buda. Por ejemplo, Avalokiteshvara, que es la bodhisattva de la piedad, es la personificación de la infinita compasión de Buda. Hizo el voto de no descansar nunca hasta liberar a todos los seres vivos del *samsara*, la cadena de la reencarnación. A esta bodhisattva se la

Estatua tibetana de Avalokiteshvara. Obsérvese la multitud de brazos y caras.

suele representar como una mujer y con infinidad de caras y brazos, como si estuviera siempre preparada para ver y ayudar a cualquier persona que la invoque. Se la conoce con el nombre de Guanyin en chino, Gwaneum o Gwanseum en coreano y Kannon en japonés.

Por su parte, Ksitigarbha (Jijangbosal en coreano) es un bodhisattva muy venerado por los budistas de la China y Japón, donde se lo conoce como Dizang y Jizo respectivamente. Es adorado como el patrón de los moribundos y difuntos, pues ayuda a salvar a las almas condenadas al infierno. También se lo ve como protector de mujeres, niños pequeños y viajeros. Generalmente se lo caracteriza como un monje con un halo alrededor de su cabeza calva, llevando consigo un báculo con el que abre las

Estatua japonesa del bodhisattva Ksitigarbha.
Sus atributos son el báculo y la perla resplandeciente.

puertas del infierno y una perla resplandeciente con la que ilumina las tinieblas.

Manjusri es el bodhisattva relacionado con la sabiduría trascendente o *prajna*. El *Sutra del Loto o Avatamsaka sutra* le asigna una Tierra Pura llamada Vimala que se encuentra al este. Se lo representa como un joven sentado en la posición del loto, con una espada en una mano y un libro o la flor de loto en la otra. La espada simboliza la sabiduría que permite al creyente cortar las ataduras con el mundo engañoso que nos muestran los sentidos. El libro es el *Prajnaparamita* ("Perfección de la sabiduría"), uno de los textos más influyentes de la doctrina Mahayana.

Junto a la deificación de los bodhisattvas, el budismo Mahayana se entregó a la deificación de Buda. Según esta corriente, Buda Sakyamuni fue la encarnación en la tierra de la naturaleza o principio de Buda, entendido

Estatua tibetana de Manjusri

como la forma suprema de existencia que tiene el ser. De este modo, convertido en principio eterno y universal, Buda se convirtió en una divinidad muy semejante a Yahvé o Alá, aunque sin tener los atributos de creador y juez del mundo.

En resumen, como alcanzar la iluminación por el dificilísimo camino de autodisciplina que seguían los monjes es prácticamente imposible para el común de la gente, y además el mayor deseo de estas personas era nacer en un mundo mejor que este después de la muerte, el budismo Mahayana recurrió a la deificación de Buda y de los bodhisattvas para convertirlos en fuerzas superiores siempre dispuestas a compadecerse y ayudar al común de los mortales.

3.2. Madhymaka y Yogachara: las escuelas más representativas de la India

Xuanzang (玄將) fue un célebre monje budista que en el año 629 partió en peregrinación a la India y volvió en 645 con una gran cantidad de textos budistas en sánscrito, aumentando de manera considerable la literatura budista disponible en China. Para esta época, el budismo se encontraba ya en franco declive en la India y de la veintena de órdenes budistas que habían existido en el pasado solo quedaban dos grandes escuelas: la Madhyamaka y la Yogachara.

La escuela Madhyamaka

La escuela Madhyamaka o del Camino Medio del budismo Mahayana fue fundada en el siglo II por el filósofo budista Nagarjuna. Según esta escuela, solo existen los fenómenos, pues todo lo que existe lo hace dependiendo de causas y condiciones, de modo que las cosas no tienen una realidad o

Pintura que representa a Nagarjuna, creador de la escuela Madhyamaka. Se lo representa con serpientes alrededor de la cabeza, pues se dice que consiguió el Prajnaparamita sutra de los nagas, que son seres mitológicos con forma de serpiente.

esencia intrínsecas.

Si hubiera que resumir en una sola frase la filosofía del budismo Madhyamaka, se puede decir que trata del vacío. Esta filosofía se encuentra bien explicada en los antiquísimos textos *Prajnaparamita sutra*, en los que se encuentra la famosa frase que dice: "Los seres materiales no son diferentes del vacío: la forma material es el vacío y el vacío es la forma material". En esta frase oscura se condensa la idea de que en el mundo las cosas no tienen una sustancia o realidad y al mismo tiempo de que el vacío siempre tiene la posibilidad de llegar a ser algo.

A diferencia de la lógica y la filosofía occidentales, en donde se afirma lo que es tal y se niega lo que no es tal, en la filosofía oriental se recurre frecuentemente a proposiciones contradictorias entre sí para describir conceptos absolutos. Desde el punto de la filosofía oriental, afirmar que algo existe o no existe es asignarle una categoría a ese algo, por lo que no sirve para describir o definir conceptos que pertenecen al terreno de lo absoluto. Por lo tanto, aunque parezca paradójico, en términos filosóficos orientales, afirmar que algo existe y no existe a la vez es una forma de expresar la posibilidad de la existencia[2].

Otra explicación muy convincente del vacío es que cuando se dice que la materia es vacío no se está hablando de la existencia o no de esa materia sino de que no tiene una naturaleza fija. Las cosas no tienen una realidad o esencia fija e intrínseca sino que son el resultado de causas directas y condiciones indirectas que influyen sobre ellas. De este modo, no existen las cosas sino solo los fenómenos que se manifiestan de manera dependiente entre sí. Como se puede apreciar, esta teoría es una forma desarrollada de la teoría de la inexistencia del yo y de la interdependencia de las cosas del budismo primitivo.

Para dar un ejemplo fácil, un árbol es el resultado de una causa directa como la semilla y de una condición indirecta como la tierra. La interacción de la semilla y la tierra produce el árbol. Cuando pasado un tiempo se acaba esa interacción, desaparece el árbol y los elementos que estaban unidos se dispersan y caen bajo la influencia de otras causas y condiciones. En este sentido, la esencia de las cosas está siempre vacía, en otras palabras, es el vacío mismo, puesto que siempre puede devenir en otra cosa.

---

2) Como curiosidad, vale la pena mencionar que los físicos occidentales que han tenido contacto con el pensamiento budista mencionan a menudo esta frase de “la forma material es el vacío y el vacío es la forma material” como una descripción atinada del átomo, en donde la masa se concentra principalmente en el núcleo, pero este ocupa un espacio mínimo. Desde el punto de vista macroscópico, parece que está todo lleno y ocupado de materia, pero desde un punto de vista microscópico, en este caso atómico, existe un enorme vacío entre el núcleo y los electrones.

Para esta escuela budista existen dos niveles de verdad: convencional y absoluta. La explicación fenomenológica que acabamos de dar de que todas las cosas aparecen y se extinguen por la interacción de causas y condiciones es una verdad convencional. En cambio, la explicación ontológica de que en realidad todas las cosas están vacías, es una verdad absoluta de nivel superior. Desde la perspectiva relativa, las cosas existen en este mundo, tal como nos lo muestra la conciencia; en cambio, desde la perspectiva absoluta, no hay cosas sino solo vacío.

La escuela Madhyamaka se caracteriza por su postura equidistante de los extremos: niega las posturas existentes, pero sin afirmar nada. Representa el Camino Medio, porque rechaza las dos filosofías extremas del *eternalismo*, según el cual algo es eterno y permanente, y el *aniquilismo*, según el cual todo ha sido intrínsecamente destruido o nada existe. La creencia de que las cosas son eternas y sustanciales nos conduce al deseo y al apego de poseerlas, con el consiguiente sufrimiento que eso produce. Por otro lado, la creencia de que todo ha sido destruido y nada existe nos lleva a ser irresponsables de nuestras acciones. En consecuencia, la percepción del vacío de las cosas forma parte del desarrollo de la sabiduría para ver las cosas como realmente son.

La lógica Madhyamaka que procede negando las posturas existentes sin afirmar nada se basa en la enseñanza budista de que al destruir las ideas equivocadas, la idea correcta se revela de manera automática. La obra *Madhyamika-sastra* de Nagarjuna comienza con un poema que ilustra muy bien la lógica de la negación que caracteriza a esta escuela: "Las cosas no se generan ni se destruyen, no desaparecen ni son eternas, no son iguales ni son diferentes". En realidad, esta filosofía de la negación que floreció con Nagarjuna se utilizó desde antiguo en la India para explicar las verdades del ámbito absoluto, como se ve en la famosa frase "neti neti" que aparece ya en

Personificación del texto Prajnaparamita, que fue adorado como diosa de la sabiduría trascendental. La estatua es de Singhasari, Java Oriental.

el *Upanishad* y significa "ni (esto) ni (aquello)".

El budismo Zen de China se encuentra en la misma línea del budismo Madhyamaka, puesto que el no reconocer ninguna de las posturas existentes y el no afirmar nada equivale a no querer adoptar ninguna postura y negarse a decir nada. En el fondo, en ambos se esconde una profunda desconfianza en la capacidad de comunicación del lenguaje.

La escuela Yogachara

La escuela Yogachara, tal como dice su nombre, hizo gran hincapié en la meditación y la práctica del yoga como medios para alcanzar la iluminación.

Pintura de Asanga, el creador de la escuela Yogacara junto con su medio hermano Vasubandhu

En el terreno filosófico, esta escuela se abocó a explicar cómo la mente construye la experiencia humana. En China y el Este de Asia, fue conocida con el nombre de "Teoría de la Sola Conciencia", pues esta escuela sostiene básicamente que la realidad que experimentamos no es más que una serie de proyecciones o representaciones de nuestra mente[3].

3) No se trata de decir que el mundo real no existe como sostiene el idealismo sino que la realidad, tal como se nos aparece, es una mera construcción de nuestra mente o conciencia. La realidad auténtica, tal como la experimentan los iluminados, es aquella en donde no solo no se percibe ninguna distinción entre uno mismo y los demás, sino que todo se encuentra interrelacionado y es interdependiente.

Esta escuela estudió con particular profundidad el modo en el que opera la mente humana, por lo que se suele llamar al sistema de pensamiento Yogachara como la psicología budista. A diferencia de la escuela Madhymaka que profundizó el aspecto ontológico de la doctrina budista, la escuela Yogachara se centró en el aspecto epistemológico. El objetivo fue buscar y analizar las razones por las que se nos hace difícil superar la ignorancia y alcanzar la iluminación que nos libera de los ciclos kármicos de nacimiento y muerte.

La escuela Yogachara explica el modo en el que opera nuestra mente para construir la realidad diferenciando ocho niveles de conciencia. Las cinco primeras conciencias corresponden al nivel de la percepción, pues son las que responden a los cinco sentidos de la vista, el oído, el olfato, el gusto y el tacto. La sexta conciencia es la conciencia propiamente dicha. Es la que distingue entre el bien y el mal y realiza determinaciones morales en base a los datos que envían las cinco conciencias perceptivas. Esta conciencia es la que crea el *karma*, pues las reflexiones y las decisiones que se realizan en este nivel conducen a la acción física.

Las siguientes séptima y octava conciencias se corresponden con el subconsciente o inconsciente de la psicología occidental. La séptima conciencia oscurece la verdadera naturaleza de una persona con el concepto del "yo". Este nivel de conciencia es el que hace que este mundo sea ilusorio, pues contamina las primeras seis conciencias con la conciencia del ego, atribuyéndole las características de un ser que existe en el espacio y el tiempo. Debido al innato apego al yo, este séptimo modo de conocimiento es, pues, falaz y engañoso.

La octava conciencia es la más importante y es la base de las siete restantes. Es conocida como "reservorio o depósito de las impresiones", pues todo lo que hacemos y sentimos con el cuerpo, todo lo que decimos y todo lo que pensamos quedan guardados en este nivel. En este sentido es también el depósito kármico, pues todo ese material depositado es una matriz de predisposiciones, las semillas en estado latente de nuestros futuros *karmas*. Con el paso del tiempo, bajo la influencia de nuestros apegos y acciones, las semillas maduran y fructifican en distintos *karmas*, encadenándonos al interminable ciclo de las reencarnaciones.

La meta final de esta escuela es despertar de la ilusión de este mundo a través de la meditación y la concentración en uno mismo. La iluminación se alcanza cuando logramos purificar nuestra octava conciencia de todas las semillas kármicas. Desaparecidas estas, quedan las semillas puras, que son intrínsecas a esta conciencia y la fuente de nuestra motivación para alcanzar la iluminación.

El sistema de pensamiento Yogachara se transmitió a China, Corea y Japón con el nombre de Escuela de la Sola Conciencia (唯識學, *yusikhak* en coreano), conocida también como Escuela de las Características del Dharma (法相宗, *beobsangjong*), pero debido a la complejidad de su doctrina, terminó por extinguirse.

3.3. Huayan y Tiantai: las escuelas aristocráticas de China

El budismo se introdujo en China hacia el siglo I de la era cristiana y en ese país se pueden rastrear huellas de la mayoría de las escuelas Mahayanas. La introducción del budismo produjo un impacto inconmensurable en los chinos. De ser un pueblo muy aferrado a este mundo, tomaron contacto por primera vez con conceptos religiosos como salvación, iluminación y Nirvana; y de poseer un sistema de pensamiento centrado en la ética y la política, se sintieron seducidos por una metafísica en alto grado analítica. La influencia del budismo en las religiones chinas también fue enorme. El taoísmo, que se encontraba en un estadio de creencia naturalista, tomó por modelo el budismo y se sistematizó como religión propiamente dicha. Por otra parte, se puede afirmar que el neoconfucianismo y la doctrina de Wang Yangming, que están considerados como la culminación de la filosofía china, no habrían podido surgir si el budismo no hubiera abonado antes ese terreno.

En los primeros tiempos de la introducción del budismo se limitaron a traducir e interpretar los textos indios, pero con el tiempo comenzaron a surgir escuelas budistas autóctonas, de las cuales las más importantes son la Huayan y la Tiantai.

La escuela Huayan

Huayan, que significa "guirnalda de flores", es una escuela de la filosofía budista Mahayana que se basa en el texto sánscrito *Avatamsaka Sutra* y floreció en China a partir del siglo VII, durante el período Tang.

La contribución filosófica más importante de esta escuela se manifestó en el terreno de la metafísica. A la filosofía Huayan se la llama también filosofía de la totalidad, pues enseña que todos los fenómenos están mutuamente vinculados. Desde el punto de vista de un iluminado como Buda, todos los componentes y fenómenos del universo se encuentran interrelacionados en su estructura profunda. En el plano fenomenológico las cosas parecen ocurrir sin relación alguna entre ellas, pero vistas desde una perspectiva interna, guardan una complicada relación de interdependencia. Para explicarlo gráficamente, las islas de un archipiélago parecen independientes, pero en el fondo marino están unidas y constituyen un solo cuerpo.

Esta escuela no solo dice que todos los fenómenos están interrelacionados

Montaña Wutaishan, en Shanxi, China. Es una de las cuatro montañas sagradas del budismo chino. Fue identificada sobre la base de un pasaje del Avatamsaka Sutra, donde dice que el bodhisattva Manjusri reside en una "montaña clara y fría" en el noreste. Como tal, es un importante centro de peregrinaje budista.

sino que se contienen mutuamente. Dicho de otro modo, en cada de una de las cosas individuales se encuentra condensado el universo entero. En consecuencia, todas las manifestaciones de este mundo comparten el estado de perfección y consumación que posee el universo.

Esta doctrina se puede ver claramente ilustrada a través de la metáfora de la red del dios Indra, que es un dios del hinduismo. Se trata de una red de cuerdas de seda que se expande al infinito en todas las direcciones como una gigantesca telaraña y que contiene en cada intersección una perla de gran brillo que refleja sobre sí cada una de las perlas de la red, y así sucesivamente, como espejos hacia la inmensidad. Es la concepción budista de la interconexión del universo materializada en una sola imagen. También

La red de Indra

es muy ilustrativa esta frase que condensa el pensamiento central de la escuela Huayan: “el uno es el todo y el todo es el uno”.

En los últimos tiempos el pensamiento Huayan está recibiendo mucha atención en Occidente, pues los últimos avances científicos parecen avalar las ideas principales de esta escuela. Si bien los seres vivos estamos constituidos por una cantidad increíblemente vasta y compleja de elementos, en una sola célula está contenida toda la información necesaria para reproducir el cuerpo entero, como ya se ha logrado en los experimentos de clonación de animales. Yendo más lejos, contando con una sola partícula de cualquier cuerpo del universo, se afirma que se puede rastrear la historia de 13.700 millones de años transcurridos a partir del Big Bang.

Esta escuela budista Huayan influyó profundamente en el budismo coreano, donde fue introducido a mediados del siglo VII por el monje Uisang con el nombre de Hwaeom. Esta escuela tuvo una posición doctrinal predominante hasta fines de la dinastía Goryo, cuando fue sustituida por la emergente escuela Zen. A pesar de la fuerte impronta doctrinal que dejó en Corea, no logró sobrevivir como fe popular en este país.

La escuela Tiantai

Esta escuela budista fue fundada por el monje Zhiyi en el siglo VI en un templo de la cordillera del Tiantai. Esta escuela nacida en China reverencia el *Sutra del Loto* (*Saddharma pundarika sutra*), que es una escritura que recibió muy poca atención en la India, pero que en los países de Asia del Este fue considerada como la última predicación y la más alta enseñanza de Buda, por lo que esta escuela es conocida también como la Escuela del Loto.

El monje Uicheon (1055-1101) fue quien estableció definitivamente esta escuela en Corea bajo el nombre de Cheontaegyo (天台宗), la cual fue la rama troncal del budismo coreano durante el período Goryeo. Hubo otros intentos de introducir esta escuela en la península coreana con anterioridad. Uno de los más importantes fue el del monje Jegwan, quien a mediados del siglo X escribió el libro *Cheontaesagyoui* (天台四教義), que está considerado como una de las mejores interpretaciones del *Sutra del Loto*.

Aunque en la actualidad apenas quedan huellas de la Escuela Tiantai tradicional en China y Corea, en Japón, donde tiene el nombre de Tendaishu, no solo continúa teniendo muchos seguidores sino que la

Detalle de un manuscrito ilustrado del Sutra del Loto realizado en Japón en el siglo XII. Hecho con oro y plata sobre papel teñido de índigo.

mayoría de las sectas budistas que han surgido en ese país tienen el *Sutra del Loto* como base escritural.

Una personalidad importantísima en la historia de esta escuela en Japón es el monje Nichiren que vivió en el siglo XIII. Nichiren no solo reverenció el *Sutra del Loto* como es característico de esta escuela sino que sostuvo que cantar "Nam-myoho-Renge-Kyo", que es un mantra o fórmula que manifiesta adhesión a la escritura sagrada, era el único medio de lograr la salvación. De Nichiren se derivan varias escuelas budistas y también el Soga Gakkai, que es un movimiento budista laico que reúne a 12 millones de personas de Japón y otros países y es conocido como el movimiento budista más diverso y grande del mundo.

El *Sutra del Loto* se presenta como la última predicación pronunciada por

El monje Nichiren,
que enseñó la devoción del Sutra del Loto en Japón

Buda. El libro hace especial hincapié en los métodos y técnicas para lograr la iluminación utilizando mayormente la forma de la parábola. Es también uno de los primeros sutras en usar el término Mahayana o "gran vehículo". Otro concepto que introduce este sutra es la idea de que Buda es una entidad eterna que alcanzó el Nirvana en tiempos inmemoriales, pero que eligió permanecer en el ciclo de las reencarnaciones para enseñar la ley budista una y otra vez.

Son varias las parábolas del *Sutra del Loto* que se han hecho muy conocidas, como la de la casa en llamas y la del hombre rico y su hijo pobre.

Dos parábolas muy conocidas del *Sutra del Loto*

Ya vimos más arriba que el budismo utiliza la metáfora de la casa en llamas para explicar el modo en que vivimos en este mundo. Sin darnos cuenta de que la casa en donde moramos está envuelta en llamas y en cualquier momento el techo y las paredes caerán sobre nosotros para cobrarse nuestras vidas, vivimos dejándonos llevar por la codicia, el anhelo de fama y otras mil pasiones y apegos.

En esta parábola, los niños de un hombre muy rico juegan en el interior de la casa en llamas sin tener la menor idea del peligro que los acecha. Los adultos que se han percatado del incendio los llaman a gritos, pero los niños están tan concentrados en sus juegos que no les prestan atención. Con el fin de llamar la atención de los pequeños, el padre les miente gritándoles que salgan a ver las tres carretas tiradas por un carnero, un ciervo y un buey que les ha traído como juguetes. Entonces los niños salen todos a la carrera de la casa y se salvan de morir quemados. Cuando los niños reclaman las carretas, el padre les da a cada uno una gran carreta engalanada de joyas y tiradas por bueyes blancos.

Las tres carretas que promete el padre se corresponden con las tres grandes ramas del budismo existentes, pero finalmente el padre —que no es otro que Buda— les ofrece un vehículo más grande y mejor, que es la budeidad, la cual es una sola, aunque los hombres hagan distinciones y les recen por separado.

Por otra parte, al final de la parábola se cuestiona si está bien que el padre haya sacado a sus hijos de la casa con una mentira, pero la respuesta es que hizo lo correcto, pues lo urgente era salvarles la vida. Con esta parábola se aprueba el uso de lo que en sánscrito se llama "upaya", que significa "medio hábil" o "pedagogía". De este modo, se permite el uso de cualquier método o técnica adecuada para cada situación que ayude a alcanzar la iluminación. Esto implica que, aunque una técnica o medio no sea "verdadera" en su sentido último, es aceptada como conveniente si acerca al practicante a la realización de la meta final que es la iluminación. Seguramente es esta flexibilidad tan inherente al budismo la que permitió que surgieran tantas escuelas y prácticas diferentes a lo largo de su historia.

La otra parábola muy conocida es la del hombre rico y su hijo pobre, que ha llamado siempre la atención por ser muy semejante a la parábola bíblica del hijo pródigo. Incluso hay quienes sostienen que la segunda se originó en la primera.

El hijo de un hombre muy rico se marcha de la casa de su padre y durante varias décadas pasa todo tipo de privaciones y sufrimientos. Un día llega a la casa de su padre sin darse cuenta, pero el padre lo reconoce al instante y lo invita a quedarse. Sin embargo, no le revela que es su hijo ni que es el heredero de todos sus bienes por temor a que no sepa manejar tanta fortuna repentina. Al principio hace trabajar a su hijo en las tareas más viles y simples para luego, con el correr del tiempo, encomendarle tareas de mayor responsabilidad en la administración de su patrimonio. Cuando por fin el hijo se ha adaptado a su nueva situación, le revela su verdadera identidad y le transfiere todas sus riquezas.

Con esta parábola se expone que cuando la capacidad de la gente alcanzó el adecuado nivel de desarrollo, Buda expuso el *Sutra del Loto*, que es la joya suprema de sus enseñanzas. Asimismo, el hijo agraciado con una fortuna inesperada representa al hombre que recibe la gracia de las enseñanzas de Buda y se da cuenta de que él mismo es también Buda.

En la parábola bíblica, el hijo pródigo es el segundo hijo y cuando regresa al hogar, el padre no espera hasta que se adapte a su nueva situación sino que le revela su identidad de inmediato y lo recibe con una gran fiesta. Sin embargo, en ambos casos es común la situación del hijo que vaga miserablemente por el mundo sin saber quién es hasta que su padre lo recibe con los brazos abiertos y se da cuenta que él también es hijo de Dios.

3.4. El budismo de la Tierra Pura y Maitreya: las tradiciones populares de China

Se dice que el budismo tiene caminos difíciles y caminos fáciles. Las escuelas budistas indias y chinas que vimos hasta ahora se corresponden con esos caminos difíciles. Las enseñanzas doctrinales de estas escuelas son sumamente elevadas, por lo que solo pueden ser seguidas por los monjes, quienes hacen una vida recluida y dedican su vida entera a esos estudios. Sin embargo, el budismo también ofrece caminos fáciles, que son los que puede seguir el común de la gente. Este budismo popular tiene la particularidad de ofrecer la ayuda de fuerzas superiores para conseguir la salvación, como pueden ser el Buda Amitabha o el bodhisattva Maitreya. La tradición budista de la Tierra Pura se basa en el culto al primero y la tradición budista Maitreya en el culto al segundo. Ambos se desarrollaron casi simultáneamente en China a partir del siglo III.

El budismo de la Tierra Pura

Las enseñanzas de esta tradición budista son quizá las más conocidas dentro y fuera del budismo. Por ejemplo, la idea de que se puede alcanzar el paraíso a través de la fe budista no es propia del budismo ortodoxo, como creen muchos, sino del budismo de la Tierra Pura (*Jongtobulgyo* en coreano).

Según se cuenta en los antiguos sutras indios, Amitabha fue un rey que renunció a su trono y se convirtió en un monje llamado Dharmakara. Después de un inconmensurable período de meditación, realizó una serie de votos con el fin salvar a las criaturas de este mundo, entre las cuales había una que decía que cualquiera que pronunciara su nombre diez veces sería conducido a la tierra de Buda. Finalmente, por su gran mérito se convirtió en el Buda Amitabha y creó un reino llamado Sukhavati ("última felicidad"), el cual fue conocido como "Tierra Pura" en la traducción china.

El reino de la Tierra Pura es un ámbito que ofrece un respiro de las trans-

La Tríada del budismo de la Tierra Pura: Buda Amithaba en el centro, rodeado de sus ayudantes los bodhisattvas Avalokiteshvara (derecha) y Mahasthamaprapta (izquierda).

migraciones kármicas y posee todas las condiciones de un lugar paradisiaco. Según el budismo, el mundo en el que vivimos está sucio y deteriorado, por lo que es prácticamente imposible alcanzar la iluminación, pero en los reinos de Buda, que son tan numerosos como Budas ha habido en la historia, reina la pureza y ofrece condiciones inmejorables para entregarse a la meditación. De todos estos paraísos, el más conocido y popular es el de la Tierra Pura. Los creyentes que llegan allí son instruidos por Amitabha y numerosos bodhisattvas, en especial por Avalokiteshvara y Mahasthamaprapta, los brazos derecho e izquierdo de Buda Amitabha, hasta que por fin logran alcanzar la iluminación.

Según el budismo de la Tierra Pura, para renacer en el paraíso basta pronunciar el nombre de Amitabha diez veces, lo cual en coreano se expresa en la frase "namuamitabul gwanseumbosal". Esto se asemeja a la enseñanza cristiana de que Cristo es el único salvador y de que el bautismo y la confesión aseguran el Cielo. Pero si en el cristianismo el Cielo es la meta final, en el budismo de la Tierra Pura el paraíso no es el último objetivo, puesto que una vez que se renace en el reino de Amitabha, hay que seguir avanzando en el camino que lleva a la consecución de la iluminación. Sin embargo, para el común de los creyentes budistas, el renacer después de la muerte en el reino de Amitabha equivale a la iluminación, por lo que es la máxima y única aspiración, del mismo modo que lo es el Cielo para los creyentes cristianos.

Según el budismo de la Tierra Pura, el reino de Amitabha se encuentra hacia el oeste. Naturalmente los puntos cardinales no tienen ningún sentido en el universo, pero seguramente la atribución de una dirección al paraíso fue la forma de satisfacer las expectativas de la imaginación popular por conocer su ubicación. Dando un paso más adelante, como corresponde a una tradición budista sensible al sentir popular, el budismo de la Tierra Pura predica que el reino de Amitabha no está lejos sino en nuestros propios corazones.

Del mismo modo que las otras escuelas budistas, el culto de Buda Amitabha tiene sus raíces en la India y en sutras escritos en sánscrito, pero casi no quedan rastros de su existencia en esa zona. Por el contrario, en China, Corea y Japón el amidismo —nombre con el que también se conoce esta rama del budismo— fue sumamente floreciente.

El país en el que el budismo de la Tierra Pura se ha establecido como escuela budista propiamente dicha y disfruta de una gran influencia es Japón. Dos de las ramas más importantes son Jodo Shu y Jodo Shinshu. De hecho, tanto en dimensiones como en desarrollos doctrinales y manifestaciones de fe, Japón se encuentra a la cabeza del budismo mundial.

El culto a Amitabha floreció en China y Corea varios siglos antes que en Japón. En China se constituyó como escuela, pero en Corea no llegó a desarrollarse como una rama organizada del budismo. No obstante, en el

Retrato del monje Wonhyo que introdujo las principales corrientes budistas a Corea (arriba). Al final de su vida se convirtió en un monje errante y predicó la promesa del paraíso de la Tierra Pura. Se dice que perteneció a él este sombrero cónico hecho de paja y papel o satgat que se encuentra en el Templo Oeosa de Pohang (abajo).

tema de la difusión del budismo de la Tierra Pura en Corea no se puede dejar de mencionar al monje Wonhyo (617-686). A través de sus comentarios y ensayos, Wonhyo tuvo un rol capital en la introducción y la asimilación de las principales corrientes budistas que llegaron a la península coreana a través de China. Sin embargo, después de realizar el comentario del *Avatamsaka Sutra*, Wonhyo dejó su hábito de monje, se dejó crecer los cabellos y, llevando un recipiente de calabaza como única pertenencia, se mezcló entre el pueblo para enseñar la fe en Amitabha a través del canto y el baile. Según se cuenta en el libro *Memorabilia de los Tres Reinos o Samguk Yusa*, gracias a Wonhyo, no hubo montaña de toda la península coreana en donde sus habitantes no supieran pronunciar el nombre de Amitabha.

Gracias a la prédica de monjes como Wonhyo en Corea o Honen en Japón, que transmitieron la promesa del paraíso, el budismo de la Tierra Pura arraigó en el pueblo y el culto a Amitabha continúa hasta nuestros días como un aspecto importante del budismo.

Explicamos al principio que el budismo, a diferencia de la religiones deístas, enseñaba que el camino hacia la iluminación era una lucha solitaria que cada uno debía emprender por su cuenta sin la ayuda de ningún ente o fuerza superior. Sin embargo, el budismo de la Tierra Pura enseña que es posible alcanzar el paraíso budista si se tiene fe en Buda Amithaba. La coexistencia de estos principios dogmáticos totalmente opuestos es un ejemplo claro de cuán variados pueden ser los desarrollos doctrinales en el seno de una misma religión a lo largo de la historia. De cualquier modo, como señaló el teólogo protestante Karl Barth cuando conoció la prédica del budismo amidista japonés, la rama budista de la Tierra Pura es la que más se asemeja al cristianismo, pues una considera a Jesús y la otra a Amitabha como la única vía de salvación verdadera.

El Buda Maitreya

A la pregunta de si existió un budismo que estuvo todavía más cerca del pueblo que el de la Tierra Pura, la respuesta inmediata es que fue el culto a Maitreya. Sin embargo, a diferencia de las otras ramas del budismo, este culto no formó escuelas ni sectas sino que se filtró en el mar de las creencias populares y apareció en la superficie adoptando distintas formas.

Maitreya es conocido como el Buda que está por venir, el Buda del futuro. Si el culto a Buda Amitabha fue una fe centrada en el paraíso que nos espera en el otro mundo, el culto a Maitreya es una fe que trae a Buda a la tierra y busca convertir este mundo en el que vivimos en el reino de Buda. Debido a esta característica, el culto a Maitreya fue especialmente popular en aquellos que anhelaban una completa reforma y el establecimiento de un nuevo orden. Puesto que vivían en un mundo lleno de discriminación y bajo el peso de impuestos expoliatorios, pensaban que la única esperanza de escapar de este valle lleno de sufrimientos, contradicciones y codicias era esperar la llegada del Buda Maitreya que inauguraría un mundo nuevo.

Maitreya suele ser representado en China con un rostro sonriente y sentado de un modo relajado a la espera de su advenimiento al mundo

Maitreya, desde el punto de vista del budismo tradicional, es un bodhisattva que aparecerá en la Tierra, completará su iluminación y enseñará la ley budista pura convirtiéndose en el sucesor del histórico Buda Sakyamuni. La profecía dice que su arribo ocurrirá cuando el *dharma*, es decir, la ley budista, sea olvidada por completo en el mundo. Hasta que llegue ese día, el bodhisattva Maitreya espera en el Cielo Tusita. Los creyentes piensan que al morir se reunirán con Maitreya en ese lugar y que llegado el día del advenimiento bajarán todos juntos a la Tierra, escucharán las predicaciones y alcanzarán la iluminación para finalmente convertir al mundo en el reino de Buda. Sin embargo, con el tiempo los creyentes se olvidaron de esa fase intermedia de la espera en el Cielo Tusita y se concentraron en esperar la llegada al mundo de Maitreya, el cual haría desaparecer el hambre, las desigualdades y las injusticias para crear un mundo de utopía.

Este culto esperanzado a Maitreya no fue tanto parte del dogma budista como parte de la fe popular. A lo largo de la historia de China, hubo muchos políticos y revolucionarios que se aprovecharon de esta creencia popular para proclamarse como encarnaciones de Maitreya y poner en práctica sus ideas de reforma. Un ejemplo fue la secta del Loto Blanco, un movimiento religioso y político que vaticinaba la llegada inminente de Buda Maitreya. La secta se formó a mediados del siglo XIII, convirtiéndose en un instrumento de la resistencia contra la dinastía Yuan de origen mongol que reinaba en China. Un siglo después, un líder de la secta llamado Zhu Yuanzhang terminó comandando la rebelión que destronó a la dinastía Yuan para él mismo convertirse en el primer emperador de la dinastía Ming. La secta del Loto Blanco y otras organizaciones de la misma filiación continuaron ejerciendo influencia en China hasta la actualidad y se manifestaron a través de distintos movimientos de resistencia y rebeldía.

El culto a Maitreya en Corea

El rey Jinheung de Silla, que reinó en la segunda mitad del siglo VI, se proclamó a sí mismo como Chakravartin, el gobernante ideal del que habla el budismo, y para probarlo manifestó que Hwarang, la agrupación de jóvenes de élite creada por él, era el mismo Maitreya, pues según algunos sutras el advenimiento de Buda del futuro ocurriría cuando gobernara Chakravartin.

En el siglo X, Gung Ye, guerrero y rey de un pequeño reino coreano llamado Taebong, manifestó ser la encarnación de Maitreya y ordenó a sus seguidores que lo adoraran. Sin embargo, la mayoría de los monjes budistas rechazaron esta pretensión y él terminó siendo destronado y asesinado por sus sirvientes.

A fines de la dinastía Joseon, Gang Il-sun (1871-1909), conocido como Jeungsan, fue el iniciador de una religión autóctona que tenía sus raíces en el culto a Maitreya. Para empezar, manifestó ante sus seguidores que había bajado del cielo a través de la estatua de Maitreya del templo Geumsansa,

Maitreyas de piedra a la vera de un camino en Gwangju

por lo que pidió que lo adoraran después de su muerte a través de esa estatua de Buda.

La esperanza que el pueblo depositó en el advenimiento de Maitreya durante el periodo Joseon se puede rastrear a través de las incontables estatuas de Maitreya esculpidas en piedra que se encuentran a lo largo y ancho del país. No nos referimos a las estatuas de los templos sino a las imágenes de roca tallada toscamente a las que llamaban Maitreya y rendían culto en su vida cotidiana y que aún hoy se pueden ver a la vera de un camino o de un terreno de cultivo. Según un estudio, se conservan en la actualidad miles de este tipo de estatuas de piedra en todo el país, lo que es una prueba irrefutable de cuán profundamente arraigó el culto a Maitreya en el pueblo.

Naturalmente los monjes tuvieron un papel preponderante en la popularización del culto a Maitreya. En particular, el monje Jinpyo, que vivió en Silla en el siglo VIII, alegó haberse encontrado con Maitreya después de años de meditación. Este monje fundó los tres templos más

Estatua de Maitreya hecha de bronce del templo Beobjusa en el monte Soknisan (Boeun-gun, Chungcheong del Norte)

importantes relacionados con el culto a Maitreya en Corea, que son el Geumsansa, el Beobjusa y el Balyeonsa, para que el Buda del futuro pudiera realizar su predicación en estos tres puntos estratégicos cuando se produjera su advenimiento a la tierra.

3.5. El budismo Zen: el budismo más propio de China

El budismo fue introducido en China hacia el siglo I de la era cristiana. Durante los siguientes seiscientos años, el budismo se fue despojando de su ropaje indio a la luz de las interpretaciones filosóficas chinas hasta florecer en las escuelas de Huanan y Tiantai durante el período de la dinastía Tang.

La cultura china es, en principio, renuente a aceptar influencias culturales foráneas, pero cuando las acepta, las transforma por completo según su modo de ser. En el siglo VII, el lado pragmático de la mentalidad china respondió al impacto del budismo hindú concentrándose en los aspectos prácticos y desarrollándolos en una forma especial de disciplina espiritual que recibió el nombre de Ch'an, una palabra normalmente traducida como "meditación". Esta filosofía Ch'an fue adoptada por Japón hacia el año 1200 y fue cultivada allí bajo el nombre de Zen (*seon* en coreano). Si esta tradición budista es conocida en Occidente con el nombre japonés es debido a que su difusor en esa parte del mundo fue el japonés Daitsetsu Susuki. En la actualidad el Zen es la forma de budismo más extendida y de mayor influencia en el mundo.

El budismo Zen es una mezcla única de filosofías e idiosincracias diferentes. Refleja el misticismo de la India, el amor a la libertad, naturalidad y espontaneidad del taoísmo y el pragmatismo profundo de la mente confucianista. En contraste con el budismo primitivo que hacía hincapié en la inexistencia del yo, el credo del budismo Zen se basa por entero en la idea del "yo verdadero", el espíritu universal que se alcanza con la iluminación. En este sentido, Zen es esencialmente budista, pues su objetivo es lograr la iluminación que alcanzó Buda. Aunque la experiencia

Zen escrito en chino

de la iluminación es la esencia de todas las filosofías orientales, el Zen es la única que se concentra exclusivamente en esta experiencia y no se interesa en ninguna interpretación, abstracción o conceptualización más allá de esta meta. Por esta razón, el estudio doctrinal de los voluminosos sutras es visto como algo suplementario en el budismo Zen. De hecho, esta rama del budismo no sostiene ningún credo ni dogma formal y enfatiza su libertad de todo pensamiento fijo, lo cual lo hace verdaderamente espiritual.

Como se dijo más arriba, Zen es la lectura en japonés del carácter chino ch'an (禪), que a su vez es la transcripción del término sánscrito *dhyana*, que se traduce normalmente como "meditación". En los sutras del budismo Mahayana se recomienda el cultivo de la meditación como la vía preferente para conseguir el Nirvana. Se creía que existía una progresión de distintos estadios de meditación, pero el Ch'an chino aportó la idea de que existe la posibilidad de un acceso directo al estadio último y superior –aquel que precede inmediatamente a la experiencia del Nirvana– sin necesidad de experimentar los anteriores, mediante vías de acceso espontáneas e intuitivas.

Bodhidharma y Huike

Bodhidharma era un príncipe del sur de la India que se convirtió en monje budista y llegó hasta China para transmitir el *dhyana*, según algunos en el siglo V y según otros a principios del siglo VI. Como el fundador del budismo Zen, posee el título de primer patriarca chino del budismo y el vigésimo octavo a partir de Buda.

Se han tejido muchas leyendas alrededor de Bodhidharma a partir de su llegada al reino de Liang. Dicen que el día que decidió dejar Nanjing y cruzar el río Yangtsé, las personas del lugar hicieron desaparecer deliber-

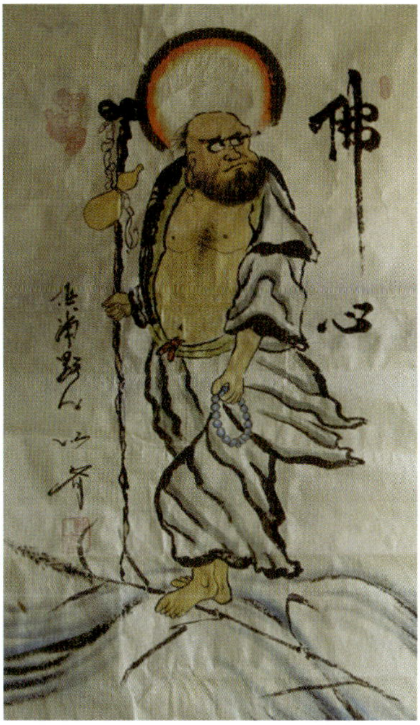

Bodhidharma cruzando el río sobre un junco

adamente todos los barcos para poner a prueba al monje extranjero. Sin inmutarse, Bodhidharma tomó una caña de junco que servía de bastón a una anciana y subiéndose a ella cruzó el río.

Asimismo se cuenta que estuvo entre siete y nueve años meditando en una cueva del templo Shaolín con la mirada fija sobre una pared de roca. También se lo considera como el iniciador de las artes marciales que hicieron famosos a los monjes del templo Shaolín. De la maraña de leyendas y mitos que rodean su nombre, los investigadores dan por cierto que permaneció muchos años recluido en este monasterio Shaolín. Seguramente la razón fue que su prédica de la iluminación intuitiva no halló gran eco en el budismo chino, que por ese entonces se centraba en el estudio de los sutras.

Finalmente Bodhidharma consiguió tener un discípulo que siguió su

Pintura en un templo budista que muestra a Huike presentándole su brazo cortado a Bodhidharma

prédica. Su nombre budista era Huike. Según cuenta la leyenda, Huike permaneció fuera de la cueva de Bodhidharma una noche de intensas nevadas hasta que la nieve le llegó a la cintura. Aún así, el maestro se negó a aceptarlo como su discípulo y continuó en su contemplación de la roca. Para probarle cuán grande era su resolución, Huike se cortó un brazo y se lo presentó como prueba de su sinceridad. Recién entonces Bodhidharma lo aceptó como discípulo y le puso el nombre de Huike, que significa "sabiduría y capacidad".

Cuando Bodhidharma le preguntó por qué había venido a buscarlo, Huike le dijo que su mente estaba llena de inquietudes y necesitaba sosiego. Bodhidharma le replicó que buscara esa mente y se la trajera, que se la apaciguaría de inmediato. Huike trató de localizar el lugar donde se originaban sus inquietudes, pero al no poder precisarlo, le dijo a su maestro que no lo encontraba en ninguna parte. Entonces Bodhidharma le respondió que por qué se inquietaba por algo que no existía. Después de estas palabras, el universo se estremeció y Huike alcanzó la iluminación. De este modo, Huike se convirtió en el segundo patriarca del budismo Zen, a continuación de Bodhidharma. El modo en el que Huike logró la iluminación ilustra muy bien la idea de la iluminación espontánea e intuitiva que sostiene el budismo Zen.

El definitivo arraigo de esta forma de budismo en China ocurrió en los tiempos del monje Huineng (638-718), que está considerado como el sexto patriarca del budismo Zen. Huineng fue el impulsor de la Escuela del Sur, que sostenía que la iluminación es una experiencia súbita. Por el contrario, la Escuela del Norte, que estuvo liderada por el monje rival Shenxiu (606?-706), propugnaba que la iluminación era una experiencia gradual. En la primera época ambas escuelas tuvieron un grado de influencia semejante, pero la que prevaleció finalmente y se expandió con el tiempo a Corea y Japón fue la Escuela del Sur que sostenía la idea de la iluminación súbita.

Como era de esperarse, el budismo Zen y el budismo de la Tierra Pura fueron las únicas dos ramas del budismo que sobrevivieron en China hasta la actualidad, a pesar de las persecuciones y marginaciones de que fueron objeto al expandirse el confucianismo, que es el sistema de pensamiento más idiosincrático de ese país.

Los Cuatro Lemas del budismo Zen

El primer lema dice que la verdad no puede ser expresada mediante la palabra o la escritura (不立文字). Es decir, para conocer la verdad no es preciso aferrarse demasiado a los textos, ya que la escritura es solamente un instrumento de expresión de la verdad. Este lema refleja muy bien la desconfianza hacia el lenguaje que manifiesta el budismo Zen. Se trata de una herencia del taoísmo, como se comprueba a través de la primera frase que aparece en el *Tao Te Ching*, el libro fundamental del taoísmo y cuya autoría se atribuye a Laozi, donde se puede leer lo siguiente: "Cuando el tao se conceptualiza, deja de ser tao". En el libro *Zhuangzi* que escribió el filósofo taoísta del mismo nombre, se puede leer lo siguiente en este mismo sentido: "Del mismo modo que ya no es necesaria la red una vez que se han pescado los peces; hay que olvidarse del texto una vez que se ha comprendido el significado".

Es característico del pensamiento oriental considerar que el ámbito de la verdad comienza donde se acaba el ámbito del lenguaje, pues a partir del momento en que dice "la verdad es esto", la verdad queda aprisionada en los límites de esta enunciación y solo puede ser vista desde esa perspectiva, por lo que no puede ser una verdad absoluta y universal sino una verdad relativa y parcial. Por otra parte, la expresión lingüística es esencialmente dicotómica, de modo que querer expresar la dimensión absoluta de la verdad a través del lenguaje es de por sí un imposible.

El segundo lema dice que la transmisión se realiza de una manera externa a las escrituras (敎外別傳). Quiere decir que la enseñanza de Buda no se encuentra en los textos sino que se transmite de modo intuitivo de una mente a otra. Los libros no son más que un instrumento para mejorar nuestro discernimiento. En palabras Zen, los libros son simples arroyuelos que se derraman del manantial de nuestra mente. En la misma línea, el filósofo Wang Yangming, de cuya filosofía se dice que es confucianista por fuera pero budista por dentro, manifestó que cuando se ha llegado a conocer la esencia, las escrituras no son más que las anotaciones que nuestra mente le pone a esa esencia.

En este lema subyace la consideración Zen de que la mente o alma humana posee la calidad de lo divino. Este pensamiento refleja la herencia del pensamiento oriental, que considera que el alma humana es en esencia perfecta y buena. Naturalmente se refieren al alma más pura que reside en lo más recóndito del ser humano y a la que se llega a conocer solo a través de largas y duras prácticas de disciplinamiento budista.

La desconfianza que el budismo Zen manifiesta hacia la escritura contrasta con la reverencia que el cristianismo, el islamismo y otras religiones semíticas le profesan a sus textos sagrados. Para estas religiones, la Biblia o el Corán constituyen la revelación de la palabra divina, por lo tanto no solo no se puede cambiar una sola palabra o letra de esos libros sino que representan la última palabra en todos los sentidos.

Aunque el budismo Zen sostiene que la verdad no puede ser expresada mediante el lenguaje y que no hay que aferrarse a los textos, paradójicamente se conservan tantas recopilaciones de dichos de los monjes Zen como de cualquiera de los monjes de las otras escuelas budistas.

El tercer lema dice que se debe apuntar directamente a la mente (直指人心). En esta frase hay que prestar atención a la palabra "directamente", que es típica de la mentalidad china y manifiesta su manera de ser intuitiva más que intelectual y su gusto por mostrar los hechos como hechos, sin comentario alguno. Por otra parte, hay que recalcar que la mente de la que habla el budismo es diferente del sentido corriente que tiene esta palabra. La mente no es un objeto material y no se puede ver, fotografiar ni operar. No hay nada en nuestro cuerpo que pueda identificarse con nuestra mente porque son entidades diferentes. En las escrituras budistas se compara el cuerpo con un hostal y la mente con un huésped. En el momento de la muerte, la mente abandona el cuerpo y viaja a la vida siguiente, al igual que el huésped deja el hostal y se traslada a otro lugar. Si la mente no es el cerebro ni ninguna otra parte del cuerpo, entonces, ¿qué es? Es un continuo inmaterial cuya función es percibir y comprender objetos.

Desde pequeños recibimos toda clase de influencias de nuestros padres y de nuestro entorno que llenan nuestra mente de prejuicios y preconceptos que nos hacen ver las cosas a través de esquemas y estructuras predeterminadas. Una anécdota que ilustra muy bien esta idea es la de un profesor universitario que fue a ver a un maestro Zen y le pidió que le enseñara en qué consistía el Zen. En lugar de responderle, le llenó una taza de té hasta que la infusión comenzó a desbordar. Sin poder contenerse, el profesor gritó: "¿Pero no ve que la taza está desbordando?" Entonces el maestro Zen le respondió: "Su mente ya está tan llena como esta taza. ¿Cómo pretende que le hable del Zen?". El budismo Zen dice que tenemos que superar esta mente llena de prejuicios y preconceptos y alcanzar nuestra mente más auténtica, que es un estado mental vaciado de todo peso y no constreñido por ningún esquema o estructura previa.

El cuarto lema dice que mirando la verdadera naturaleza que nos es propia, alcanzamos el estado de Buda (見性成佛). En otras palabras, vaciando nuestra mente superficial, podemos encontrarnos cara a cara con nuestra mente auténtica y en eso precisamente consiste alcanzar la iluminación. En este sentido, para el budismo Zen lograr la iluminación no es necesariamente un camino difícil y agotador sino una experiencia realmente simple y súbita. Al respecto, existe un dicho Zen que dice que alcanzar la iluminación es algo tan fácil como tocarse la nariz cuando uno se lava la cara. Para lograr esa iluminación, el budismo Zen desarrolló métodos que permiten alcanzar de manera directa e intuitiva la naturaleza búdica.

Los *koan*

Como dijimos arriba, los maestros Zen no son afectos a la palabrería y aborrecen todo tipo de teorizaciones y especulaciones. En consecuencia, desarrollaron métodos que permiten apuntar directamente a la verdad. Se trata de acciones o palabras repentinas y espontáneas que exponen paradojas del pensamiento conceptual y reciben el nombre de koan.

El *koan* (lectura japonesa de la palabra china *gong-an*, 公案), también conocido en coreano como *hwadu* (話頭), es un tema de meditación que aparentemente no tiene ningún sentido. Se dice que existen alrededor de 1.700 *koan* y que basta encontrar la respuesta de uno solo de ellos para saber la de todos los demás.

La meditación Zen no es otra cosa que sentarse en la posición de loto y pensar día y noche en el modo de resolver uno de estos *koan*. En realidad, "pensar" no es la palabra más adecuada para describir este ejercicio, puesto que pensar implica la existencia diferenciada de un sujeto pensante y un objeto pensado. En cambio, cuando uno entra en un estadio profundo de meditación, desaparece la división entre el yo pensante y el *koan* que es objeto de reflexión. De este modo, transcurrido un tiempo de intensa concentración que puede ser de meses o años, basta un ligero estímulo exterior, que puede ser el ruido de una piedra que se cae o un grito o golpe propinado por el maestro, para que el practicante encuentre de pronto la

Monje budista meditando

respuesta del *koan*. Cuando el maestro otorga la confirmación, entonces se reconoce que el practicante ha alcanzado verdaderamente su naturaleza búdica, es decir, la iluminación.

Algunos de los *koan* más conocidos son: "¿Cuál es el sonido de una sola palma de la mano?" o "¿Cuál era el aspecto de tu rostro antes de nacer?" o "¿Por qué Bodhidharma fue hacia el este?". Este último, por ejemplo, encierra la pregunta de qué es en esencia el budismo. Algunas de las respuestas carentes de sentido que suele darse son: "es el pino que está delante del patio" o "es un palo con el que se limpian los excrementos". Estos diálogos hacen notar otro aspecto del Zen que le es característico: la iluminación en Zen no significa retirarse del mundo sino, por el contrario, una activa participación en la vida cotidiana. Esta manera de pensar resultó muy atrayente para la mentalidad china, que le da gran importancia a la vida práctica y productiva y a la idea de la perpetuación de la familia, por lo que nunca llegó a aceptar del todo el carácter monástico del budismo indio. Los maestros siempre hacían hincapié que Ch'an o Zen estaba en nuestras experiencias diarias, "la mente de todos los días", como proclamaba el maestro Ma-Tsu.

Desde el punto de vista funcional, el *koan* tiene por fin suspender el pensamiento racional y así preparar al practicante para la experiencia mística. Con el raciocinio y el intelecto como instrumentos es imposible alcanzar el ámbito de lo absoluto, que es la meta del budismo. La razón es imprescindible en nuestra vida cotidiana, pero en el terreno del budismo resulta ser un impedimento para alcanzar el ámbito intuitivo de la verdad absoluta.

Además de que los *koan* no pueden resolverse con nuestro pensamiento lógico cotidiano, tienen como fin erradicar de nuestra mente ese proceso de pensamiento. Solo a partir del momento en el que se suspende la razón que divide, analiza y discierne, se despierta la intuición que nos acerca de un modo totalizador al ámbito de lo absoluto, que es el terreno de la auténtica verdad.

Aunque quizá sea una explicación algo rudimentaria y peregrina, se puede decir que el *koan* busca suspender el funcionamiento del hemisferio izquierdo del cerebro, que es el que controla las operaciones de pensamiento lógico-racionales y es el que usamos mayormente en nuestra vida cotidiana, para activar el funcionamiento del hemisferio derecho, que es donde se localiza nuestra intuición. Entonces, en palabras del budismo Zen, se alcanza el estado de budeidad y cada día se torna una sucesión de júbilo y felicidad.

Sin embargo, hay que acotar que no es nada fácil que un maestro Zen otorgue un *koan* de meditación a su discípulo y este hecho es ya de por sí un gran paso adelante en el camino de la iluminación. El maestro Zen lo otorga solo después de un largo período de conversaciones y pruebas para constatar la madurez del discípulo, puesto que posiblemente ese *koan* será el objeto de la meditaciones del practicante el resto de su vida. Los monjes coreanos se consagran durante tres meses en un templo a prepararse para entregarse de lleno a este *koan* y luego durante otros tres meses recorren el país entero visitando distintos templos, donde son examinados por los maestros para constatar sus progresos.

4. El budismo en la historia de Corea

4.1. La introducción del budismo

En los libros de texto de historia de Corea se puede leer que el rey Sosurim de Goguryeo introdujo el budismo en el segundo año de su reinado (372 d. C.) y que el rey Chimryu de Baekje hizo lo propio en el primer año de su reinado (384 d. C.). Lo sorprendente es que en ninguna parte se documenta que se haya producido algún tipo de conflicto por la introducción de esta religión foránea, como cabría esperarse. El hecho contrasta fuertemente con lo traumática que fue la entrada del cristianismo en Corea en los siglos XVIII y XIX.

La causa principal de esta introducción tan pacífica es que el budismo jamás utilizó la fuerza o la imposición como estrategia de predicación sino la comprensión y la avenencia con la cultura de la región que buscaba convertir, por lo que no fue visto como un pensamiento peligroso. Por el contrario, para los hombres que movían los hilos de la política en los reinos de la península coreana, el budismo fue un instrumento eficaz y necesario para consolidar internamente los estados.

La introducción del budismo no fue solamente la importación de una religión sino de toda una cultura, del mismo que la introducción del cristianismo en los siglos XVIII y XIX fue el punto de inicio de la entrada de la civilización occidental. Así como los coreanos se quedaron asombrados ante la cultura occidental y no pudieron resistir su avasallante ingreso a fines del período Joseon, los antiguos habitantes de la península coreana del siglo IV debieron sucumbir inevitablemente al budismo. En lugar de resistirse, aceptaron la nueva cultura que venía del continente con los brazos abiertos porque la consideraron más profunda y avanzada que la propia.

Poco después de haber aceptado el budismo, los Tres Reinos de la península coreana renovaron sus legislaciones y se erigieron como regímenes autocráticos. Eso nos demuestra que se sirvieron del budismo no solo para unificar espiritualmente al pueblo sino en especial para consolidarse como estados. En particular, aprovecharon muy bien los conceptos de defensa del país, el reino de Buda en la tierra y el gobernante ideal y universal que propugnaba la religión importada.

El ejemplo más claro que nos ha quedado del aprovechamiento que se hizo del budismo para fortalecer el poder monárquico es el caso del reino de Silla. Ubicado en la porción suroriental de la península, fue siempre el último de los Tres Reinos en recibir las influencias foráneas, por lo que las creencias autóctonas tuvieron mayor fuerza y prevalencia que en cualquier otra parte. Siendo Silla una alianza tribal, las tribus que la componían debieron tener sus propias divinidades nativas. Para fortalecer el poder real había que unificar todos estos cultos tribales, de modo que el rey Beobheung de Silla, que gobernó en la primera mitad del siglo VI, decidió servirse del budismo para tal fin. Con la colaboración de Yi Chadon, que era pariente suyo, Beobheung comenzó la construcción de un templo budista en un lugar que era sagrado para el chamanismo tribal, con el fin de propinarle un fuerte golpe al poder aristocrático. Sin embargo, cuando comenzó a construirse el templo, la reacción de la aristocracia fue mucho más encarnizada de lo provisto. No se sabe si Beobheung utilizó a Yi Chadon como chivo expiatorio o si hubo un compromiso previo por parte de Yi Chadon de responsabilizarse de todo, como se argumenta en el libro *Memorabilia de los Tres Reinos*, lo cierto es que Beobheung apresó y decapitó a Yi Chadon acusándolo de construir el templo budista sin la aprobación del rey.

Según cuenta la leyenda, cuando se cumplió la orden de decapitación de Yi Chadon, de su cuerpo manó sangre blanca, lo cual fue interpretado como un signo de su martirio y santidad. El rey Beobheung no se detuvo aquí, pues mostrándoles a los jefes tribales los instrumentos de tortura y de muerte que había utilizado contra Yi Chadon, los amenazó diciendo que cualquiera que atentara contra el poder real correría la misma suerte. De este modo,

Representación en una campana de la decapitación de Yi Chadon, que murió en Silla como mártir del budismo a los 26 años

Beobheung cercenó el poder de las aristocracias tribales y poco después no solo terminó de levantar el templo budista sino que declaró al budismo como religión oficial de Silla.

4.2. El budismo en el período de los Tres Reinos

Sobre el budismo de los reinos de Goguryeo y Baekje, casi no se conservan registros documentales. Se sabe, por ejemplo, que en Goguryeo vivió a fines del siglo V y principios del VI un monje llamado Seungnang que fue a Dunhuang en China y estudió los sutras escritos por Nagarjuna y Aryadeva para finalmente sentar las bases de la escuela Madhyamaka de Oriente, conocida con el nombre de escuela de los Tres Tratados. En cuanto a Baekje, se cuenta que vivió en el siglo VI un monje llamado Gyeomik, que fue a la India y tradujo varios sutras directamente del sánscrito. Aunque han quedado muy pocos datos documentales, son más que suficientes para darnos una idea del alto nivel de desarrollo que alcanzaron los estudios budistas en la península coreana.

Por otra parte, no hay que olvidar que fueron los monjes de Goguryeo y Baekje quienes establecieron las bases del budismo japonés. Para citar solo unos pocos ejemplos, el monje Hyepyeon fue el primero en crear una congregación de monjes mujeres en Japón; el monje Hyegwan fue el iniciador de la escuela Madhyamaka de los Tres Tratados en Japón; el monje Hyeja fue el maestro y mentor del príncipe Shotoku, un legendario regente y político japonés de gran virtud; y el monje Damjing pintó el mural de la Tierra Pura del templo Horyu-ji, que se encuentra en Nara, Japón.

Budas y bodhisattvas de arcilla excavados del solar de un antiguo templo budista del reino de Goguryo en Wonori, Pyeongan del Sur.

Todos estos monjes, que dejaron una fuerte impronta en el budismo japonés, eran originarios de Goguryeo.

El budismo en el reino de Baekje

Baekje fue el reino que transmitió el budismo a Japón a mediados del siglo VI. Un gran número de artesanos que sabían esculpir estatuas de Buda y de carpinteros constructores de templos se trasladaron al país vecino y sentaron las bases del arte budista japonés.

Para dar algunos ejemplos, la talla de madera de Guanyin –la versión oriental de la bodhisattva india Avalokiteshvara– que se encuentra en el templo Horyu-ji de Nara es conocida en Japón con el nombre "Kudara Kannon", en donde Kannon significa Guanyin y Kudara es el nombre que le daban los japoneses a Baekje en el siglo VII. Por otra parte, está aceptado por todos que el templo japonés Todai-ji, que se encuentra en Nara y alberga la estatua de Buda más grande del mundo –conocida como "Dabuitsu" en japonés–, fue construido enteramente por artesanos originarios de Baekje. Yendo más lejos, se da por seguro que la estatua de Maitreya sentado a medias en la posición de loto que se encuentra en el templo Koryu-ji de Kioto –que en japonés recibe el nombre de "Miroku Bosatsu" y está considerada como el tesoro número uno de Japón– fue hecha por un artesano de Baekje o Silla.

Aunque uno no sea un especialista en arte budista, basta ver esta estatua japonesa y la misma estatua de Maitreya pensativo sentado a medias en la posición de loto que es el Tesoro Nacional número 83 de Corea para darse cuenta de que tienen exactamente el mismo estilo y, por lo tanto, debieron ser hechas por artesanos provenientes de Corea. La única gran diferencia es que la estatua coreana está hecha de bronce y la japonesa está hecha de madera. Justamente esto último apuntala la idea de que es una obra coreana,

Estatua de Maitreya de madera del templo Koryu-ji de Kioto

pues está labrada en pino rojo que solo crece en la península.

Los sitios históricos relacionados con el budismo que construyó Goguryeo se encuentran en su totalidad en Corea del Norte, por lo que no puede saberse a ciencia cierta en qué estado se hallan en este momento, tras más de sesenta años de división de la península coreana. En cambio, las huellas del budismo de Baekje pueden rastrearse en abundancia en las regiones de Chungcheong y Jeolla.

En materia de pagodas, un ejemplo es la pagoda de piedra de cinco pisos que se encuentra en el antiguo solar del templo Jeongnimsa, en la ciudad de Buyeo. Es una pagoda que copia el estilo de las primitivas pagodas de madera. Otro buen ejemplo es la pagoda de piedra del templo Mireuksa, en Iksan, provincia de Jeolla del Norte, que fue el bastión del culto a Maitreya de Baekje. Es una de las pagodas de piedra más antiguas de Corea (año

Estatua de Maitreya de bronce en el Museo Nacional de Corea

639). La mitad fue cubierta con cemento durante la dominación japonesa con el fin de preservarla y actualmente se encuentra bajo proceso de desmantelamiento y restauración. En el budismo temprano el culto a las pagodas era más fuerte que el culto a los santuarios y esto se refleja en las grandes dimensiones que tiene esta pagoda, que está considerada como la más grande de su tipo en toda Asia. Con el transcurso del tiempo, las pagodas fueron reduciéndose de tamaño, mientras que aumentaron proporcionalmente las dimensiones de los santuarios.

De las estatuas de Buda del reino de Baekje, es imposible dejar de mencionar la Tríada de Buda esculpida en la roca que se encuentra en Seosan. Se trata de una imagen de Buda de pie y acompañada de bodhisattvas a ambos lados. Las imágenes se caracterizan por tener una expresión sonriente y misericordiosa. Otra Tríada de Buda esculpida en la

Tríada de Buda con bodhisattvas del período Baekje en Seosan, Chungcheong del Sur

roca perteneciente al reino de Baekje es la que se encuentra en Taean.

De los templos construidos en la época de Baekje, el más representativo de todos es Seonunsa, que se encuentra en Gochang, provincia de Jeolla del Norte. Este templo fue fundado en el siglo VI por el monje Geomdan, conocido por haber acercado el budismo al pueblo. Según la leyenda, se dedicó a reformar a la gente que vivía del robo en las inmediaciones del templo, enseñándoles a plantar moreras para la fabricación de papel y a obtener sal marina. Este templo Seonunsa, junto con el Naesosa, que es otro templo de la época Baekje y se encuentra en Buan, se destacan por los hermosos paisajes que poseen en sus solares. En particular, vale la pena recorrer el sendero abierto en el pinar que se encuentra en la entrada del templo Naesosa.

Patio del templo Seonunsa en Gochang, Jeolla del Norte

Después que cayera el reino de Baekje por la alianza de Silla y la dinastía Tang de China en el año 660, se produjo un movimiento para restaurar el reino. El ejército derrotado de Baekje se reorganizó en la fortaleza Juryuseong de Buan. En las laderas de la montaña donde se encuentra esta fortaleza, se ubica el templo Gaeeomsa, que aún conserva parte de la muralla que la unía con la fortaleza. Los tres templos mencionados de Seonunsa, Naesosa y Gaeeomsa pueden visitarse en un solo día.

El budismo en el reino de Silla

Si bien fue el último de los Tres Reinos de la península coreana en aceptar el budismo, los habitantes de Silla fueron fervientes creyentes, a tal punto que creían a pie juntillas que su tierra era el lugar a donde el Buda anterior a Sakyamuni había venido a predicar. Y gracias a que Silla logró unificar la península coreana en el año 676, comenzó también el período de mayor esplendor de la cultura budista de toda la historia coreana.

El monje Wonhyo

Como es imposible resumir en este reducido espacio la riqueza de la cultura budista de Silla, nos limitaremos a mencionar a Wonhyo (617-686), el monje y pensador budista más sobresaliente de toda la historia coreana. Seguramente la meta más alta de todo hombre de fe es, por un lado, dedicarse por entero a la veneración y al conocimiento de la divinidad, y por el otro, llevar la palabra de la divinidad a su prójimo. Wonhyo cumplió este doble objetivo como nadie a lo largo de su vida y en esto consiste precisamente su grandeza.

La historia más conocida que se cuenta sobre Wonhyo es que mientras estaba en camino de su segundo viaje de estudios a China con su amigo Uisang, ambos pernoctaron en un sepulcro vacío. En medio de la noche, Wonhyo sintió una sed abrasadora, que calmó tomando el agua de un cuenco que encontró a tientas en la oscuridad. Cuando salió el sol al día siguiente, descubrió que ese cuenco era una calavera y que el agua que le pareció fresca y reparadora durante la noche estaba en realidad podrida y llena de gusanos. El incidente le hizo darse cuenta de que la realidad es solo una construcción de nuestra mente y decidió desistir de su viaje.

En base a esta experiencia iluminadora, escribió una cantidad impresionante de textos, alrededor de ochenta y seis, de los que se conservan de manera parcial o completa solamente treinta y tres. En su tiempo, la mayor parte de los sutras y tratados importantes que se introdujeron a Corea provenían de China y causaban una gran confusión entre los budistas de Silla por su número y diversidad. El genio de Wonhyo lo llevó a interpretar todos estos textos de una manera que revelaran su

Pintura mural de un templo budista que representa a Wonhyo tomando agua de una calavera mientras Uisang duerme a su lado

unidad subyacente sin sacrificar el mensaje distintivo que contenía cada texto.

Una de sus obras conservadas más importantes es *Sipmunhwajaengnon* (十門和諍論), que puede traducirse como "Armonización de las disputas en diez aspectos". En este texto, Wonhyo manifiesta que las filosofías de las distintas escuelas budistas iluminan cada una de ellas un aspecto de la verdad. En este sentido, todas son verdaderas, puesto que alumbran de modo parcial la verdad como un prisma de múltiples caras, aunque ninguna de ellas la explica en su totalidad.

Wonhyo hizo un gran esfuerzo por armonizar la escuela Madhymaka o del Camino Medio y la escuela Yogachara o de la Sola Conciencia. Según explicó, las dos toman una posición extrema, la primera por sostener que solo existe el vacío y la segunda por hacer demasiado énfasis en la individualidad de los objetos y su manifestación fenomenológica. Para Wonhyo ambas escuelas muestran de manera complementaria los dos aspectos de la verdad: el de la esencia (體), que no puede ser explicada por la palabra, y el de la función (用), que es la que puede ser expresada en alguna medida por la palabra.

Wonhyo encontró la llave hermenéutica para integrar estas dos escuelas mientras comentaba el sutra *El despertar de la fe en el Mayahana* (en sánscrito *Mahayana Sraddhotpada Sastra*, en coreano *Daeseung gisinron*). Gracias a estos comentarios, este texto se convirtió en el más influyente de la tradición budista coreana. También comentó el *Nirvana sutra y el Vajrasama dhi sutra*, entre otros. Estos comentarios fueron tenidos en gran consideración por los estudios budistas de China y Japón. Por ejemplo, Fanzang, que es el tercer patriarca de la escuela Huayan, recibió una considerable influencia de Wonhyo. Dicen que Fanzang le escribió numerosas cartas a Wonhyo para conocer su opinión mientras realizaba sus comentarios a varios sutras. Parte de esa correspondencia se conserva actualmente en el Museo de la Universidad Tenri de Japón, que es subsidiaria de la secta nipona Tenrikyo.

Pero a la par de la impronta que dejó como estudioso y pensador, Wonhyo fue famoso por acercar el budismo al pueblo. Cuando llegó con sus comentarios a la parte del *Avatamsaka sutra* en la que se habla de la importancia de salvar a todas las criaturas, Wonhyo decidió colgar su hábito y se mezcló con la gente para llevar la vida de cualquier mortal de su tiempo. Dicen que se puso a cantar y bailar en las calles, pero no entonaba cualquier cosa sino que su canción contenía frases simplificadas del *Avatamsaka sutra*. En otras palabras, utilizando el canto y el baile como *upaya*, es decir, un medio hábil para que el pueblo común comprendiera las enseñanzas budistas, encarnó en su propia vida el ideal de un bodhisattva que obra para el bienestar de las criaturas. Trascendiendo la distinción de lo sagrado y lo secular, se casó con una princesa viuda y tuvo con ella un hijo llamado Seol Chong, que está considerado como uno de los grandes estudiosos confucianistas de Silla. Asimismo, no tuvo reparos en visitar prostíbulos y tabernas, se juntó con músicos y viajó por todo el país. Esto le valió la reprobación de los monjes aristocráticos, que lo consideraron un lunático y lo marginaron de sus relaciones con el poder. Sin embargo, al mismo tiempo que llevaba esta vida, siguió comentando los sutras y dio clases sobre el *Avatamsaka sutra*.

Aunque Wonhyo conocía como nadie todas las corrientes budistas de su tiempo, el budismo que dio a conocer al pueblo fue el de la Tierra Pura. Dejando de lado todos los aspectos más complicados y filosóficos del budismo, enseñó a la gente que podía salvarse pronunciando la oración "namuamitabul". En el libro *Memorabilia de los Tres Reinos*, se dice que si las personas más pobres e ignorantes de Silla conocieron al Buda Amitabha fue gracias a Wonhyo. En particular, en ese libro se menciona el caso de una esclava llamada Ukmyeon, que superó los tormentos a los que la sometía su amo gracias a su fe en el Buda Amitabha, lo que le permitió renacer tras la muerte en el paraíso budista.

El monje Uisang

Otro monje y pensador budista del período Silla que no podemos dejar de mencionar es Uisang (625-702), contemporáneo y amigo de Wonhyo. Después de que Wonhyo desistiera de su viaje a China tras la experiencia iluminadora que tuvo en el sepulcro, Uisang se marchó solo y se convirtió en el discípulo principal de Zhiyan, segundo patriarca de la escuela Huayan. Si se hubiera quedado en China, se habría convertido sin duda en el patriarca número tres de la escuela Huayan, pero prefirió regresar a Silla para informar de las intenciones de invasión de la dinastía Tang. De este modo, se convirtió en el fundador de la escuela coreana Hwaeom, que es el nombre con el que se conoció la escuela Huayan en la península.

El budismo coreano se divide en dos grandes ramas: Zen y Gyojong (宗教). A nivel general se puede decir que el budismo Zen hace hincapié en la práctica, mientras que el budismo Gyojong, conocido también como budismo doctrinal o simplemente no-Zen, hace énfasis en la teoría. El texto doctrinal más representativo de la rama Gyojong es el *Avatamsaka sutra* de la escuela Huayan, por lo que contrasta con Japón, donde prevalece sin duda alguna el *Sutra del Loto*.

La obra más conocida de Uisang es el *Hwaeom ilseung beobgyedo* (華嚴一乘法界圖, que se traduce como *Diagrama del único vehículo dharmadhatu*). En esta obra Uisang creó y comentó el diagrama "*haeindo*", que es semejante a un mandala y representa los estadios de elevación espiritual que puede alcanzar el ser humano. Consiste en 210 caracteres chinos que expresan la esencia de la filosofía Huayan.

Una leyenda relata cómo Uisang se enamoró de una muchacha llamada Seonmyo. Ella era la hija del guardián de una fortaleza china, en donde Uisang pasó varios meses por una dolencia que contrajo durante su viaje. Ella se enamoró perdidamente de Uisang, pero este no estaba dispuesto a permitir que una mujer interrumpiera la meta de su viaje a China. Cuando Uisang sanó y llegó el día de su partida, ella le hizo prometer que vendría a visitarla cuando terminara sus estudios. Uisang cumplió su palabra y la visitó diez años después, pero ella no se encontraba en su casa. Cuando Seonmyo regresó y se enteró de que Uisang se había marchado para tomar un barco que lo llevaría a Silla, se dirigió a toda prisa a la costa, pero se encontró con que la embarcación ya había zarpado. En su desesperación, Seonmyo se lanzó al mar. Apenas su cuerpo tocó el agua, dicen que por la fuerza de su amor se convirtió en un dragón y que siguió a su amado para protegerlo durante el viaje de regreso a Silla.

Diagrama "haeindo" que sintetiza la filosofía Huayan de la interdependencia. Tiene la forma de un laberinto y se asemeja al símbolo búdico 卍

Una vez que Uisang llegó a Silla, el rey Munmu le ordenó que fundara el templo Buseoksa, que se encuentra en la provincia de Gyeongsang del Norte. Buseoksa significa "roca flotante", en referencia al incidente en el que el dragón en que se había convertido Seonmyo hizo volar una enorme roca por el aire con el fin de asustar a los lugareños, pues estos tenían una fe diferente y se resistían a la creación del templo budista. Finalmente Seonmyo misma se transformó en una roca para continuar protegiendo el lugar y a su amado.

Aunque Uisang provenía de una familia aristocrática y en su vida como monje se dedicó por entero a los estudios, también se mostró preocupado por transmitir el budismo al pueblo. Esto se puede ver en el hecho de que en el santuario principal del Buseoksa no encontramos una estatua de Buda

"Roca flotante" del templo Buseoksa

Vairocana, que es el Buda primordial de las escuelas Huayan y Tiantai, sino una de Buda Amitabha.

Asimismo, Uisang se puso al frente de la popularización del culto a la bodhisattva de la compasión Avalokitesvara, conocida en China como Guanyin y en Corea como Gwaneum. En el templo Naksansa, otro de los muchos templos que fundó Uisang, hay un promontorio con un cenador con forma de pagoda que proporciona una espléndida vista del Mar del Este y lleva el nombre de Uisangdae. Dicen que en ese sitio se levantaba una ermita en donde Uisang se sentaba a meditar. La leyenda cuenta que Uisang pronunció sin descanso durante muchísimos días el nombre de la bodhisattva Avalokitesvara "Gwanseumbosal", pero esta no se le apareció. Profundamente desilusionado, se tiró al mar en el punto donde hoy se encuentra el cenador Uisangdae dispuesto a suicidarse, pero entonces la bodhisattva lo recogió en su caída y volvió a depositarlo sano y salvo en el mismo lugar.

Promontorio Uisangdae del templo Naksansa

Gyeongju, el museo budista al aire libre

Si nos pusiéramos a hablar de los monumentos y sitios budistas que se encuentran en Gyeongju, la antigua capital de Silla, podríamos escribir varios libros al respecto. Baste simplemente mencionar como muestra la gruta Seokguram, que guarda una estatua de Buda Sakyamuni que fue el modelo de las imágenes posteriores de Buda y posee una estructura interior construida con proporciones matemáticas perfectas; el templo Bulguksa, que encarna el reino de Buda en la tierra; y el monte Namsan, que fue la montaña sagrada del budismo de Silla y cobija incontables imágenes de Buda esculpidas en la roca, pagodas de piedra, ermitas y toda clase de reliquias budistas en sus recovecos.

Por último, nos referiremos a un aspecto interesante de las relaciones de Silla y el budismo japonés. El monje japonés Ennin vivió en China entre los

Estatua de Buda de la gruta Seokguram

años 842 y 846 y escribió un diario de viaje que ha sido traducido al inglés con el título de *Ennin's Diary: The Record of a Pilgrimage to China in Search of the Law*. Allí se habla del templo Beobhwawon que el famoso personaje de Silla llamado Jang Bogo fundó en la ciudad china de Shandong. Jang Bogo era un comerciante y hombre de mar que poseía una poderosa flota de barcos con base en la isla coreana de Wando, desde donde controlaba el comercio marítimo entre las costas del sur de Corea y el Mar Amarillo. En ese entonces, cualquiera que quisiera dirigirse a China tenía que subirse a uno de sus barcos. Ennin pasó buena parte de su estadía en China en el templo Beobhwawon, de modo que en su diario relata muchas historias relacionadas con el reino de Silla y Jang Bogo.

4.3. El budismo en el período Goryeo

El período que medió entre la caída de Silla Unificada y el surgimiento del reino de Goryeo a principios del siglo IX estuvo marcado por la convulsión y el caos. Como es propio del fin de una era y el comienzo de otra, proliferó el culto a Maitreya. Personajes como Gyeon Hwon, el fundador de Baekje Tardío, y Gung Ye, fundador de Goguryeo Tardío, utilizaron la fe popular en Maitreya para sus objetivos políticos. Por otra parte, a fines de Silla Unificada se introdujo en la península el budismo Zen, el cual fue aprovechado por los poderosos clanes familiares del interior de Silla para sus fines políticos.

Del mismo modo que se suele decir que Goryeo fue la continuación de Silla Unificada en lo ideológico, económico, político y social, lo mismo se puede decir del budismo. El budismo de Silla fue tan floreciente y creativo que, en comparación, el budismo de Goryeo aparece como poco interesado en renovarse y también demasiado cercano al poder. Debido a que fue un período de monarquía absoluta, el budismo se convirtió en un instrumento del poder estatal y no se mostró proclive a las reformas ni favorable a los movimientos populares.

No obstante, en el período Goryeo se produjeron hitos de primordial importancia para la historia del budismo coreano, como es la aparición de la orden Jogye, que es actualmente la orden budista Zen más representativa de Corea. El fundador de esta orden fue el monje Bojo Jinul, conocido simplemente como Jinul o Chinul (1158-1210), al que nos referiremos más adelante para comentar su teoría de la "iluminación repentina seguida del cultivo gradual del espíritu".

También hay que mencionar que Taejo Wang Geon declaró al budismo como religión estatal al mismo tiempo que fundaba el reino de Goryeo en 913. Por su parte, el monje Gyun Yeo (923-973) hizo un gran esfuerzo para acercar la doctrina budista al pueblo, componiendo una docena de canciones en cuyas letras se explican de manera simplificada las enseñanzas del

Estatuas de Buda Maitreya esculpidas en la roca del período Goryeo (Yongmi-ri, Paju, provincia de Gyeonggi)

budismo Hwaeom, la transmisión coreana del budismo Huayan chino. Heredero del filosofía de la integración de Wonhyo, el monje Uicheon (1055-1101), hijo del rey Munjong de Goryeo, promovió la unidad del budismo en base a las enseñanzas de la escuela Tiantai. De hecho, él fue el fundador de la escuela Cheontae, que es la transmisión coreana de esa escuela china.

Cuando se produjo la primera invasión mongola en 1231, los monjes budistas se pusieron al frente de la resistencia de Goryeo y dieron ejemplo de valentía y patriotismo. Uno de ellos fue el monje Kim Yunhu, quien mató de un flechazo a Salitai, uno de los generales del ejército de Gengis Khan.

Cuando en 1258 concluyó el gobierno de la nobleza militar y el poder volvió a manos de la nobleza letrada, esta se mostró proclive a rendirse ante los invasores. Sin embargo, el monje Kim Yunhu resistió hasta el final atrincherándose en la fortaleza de Chungju. Tras setenta días de asedio de los mongoles, el ánimo de los habitantes de la fortaleza estaba totalmente decaído. Entonces Kim Yunhu quemó públicamente los documentos de esclavitud de los siervos y, sacrificando las vacas y los caballos para alimentar a todos por igual, prometió que si lograban rechazar a los mongoles, repartiría tierras y títulos a todos los que lucharan junto a él. Así fue como los plebeyos y los esclavos lucharon denodadamente hombro con hombro e infringieron una gran derrota a los mongoles, impidiendo que avanzaran hacia el sur. Recordemos que la guerra contra los mongoles se prolongó durante cerca de cuarenta años. Invadieron Goryeo nada menos que en once ocasiones provocando en total seis guerras. Ningún otro pueblo del mundo resistió durante tanto tiempo a los mongoles y solo unos pocos pudieron conservar su independencia. Aunque a la postre Goryeo terminó rindiéndose, la desesperada pero brillante resistencia de los plebeyos y esclavos fue lo que permitió sostener el orgullo del reino.

Otra personalidad budista importante de esta época es el monje Iryeon, que escribió el compendio histórico *Samguk Yusa*, más conocido como *Memorabilia de los Tres Reinos*. Lo hizo cuando Goryeo entró bajo la órbita del dominio mongol, manifestando que había que conservar la historia y las tradiciones del pasado aunque el reino estuviera bajo la intervención del enemigo. En especial, registró el mito fundacional de Dangun con el fin de inculcar el orgullo de un pasado mítico común y la conciencia de haber sido siempre un pueblo independiente. Junto con el libro *Historia de los Tres Reinos o Samguk Sagi*, el libro que escribió el monje Iryeon es uno de los registros históricos más importantes de la historia antigua de Corea.

La última personalidad budista que vale la pena mencionar es el monje

Sindon. Hacia mediados del siglo XIV, cuando la intervención de los mongoles en Goryeo llevaba ya cerca de ochenta años, la dinastía mongola Yuan comenzó a decaer. Fue entonces cuando asumió en Goryeo el rey Gongmin (1351-1374). En el año 14 de su reinado, Gongmin le otorgó amplias potestades a un monje llamado Sindon que había sido esclavo de origen. Este creó un organismo de revisión de las propiedades que investigó a todos aquellos que eran propietarios de grandes extensiones de tierra. El objetivo era obligar a todos los linajes poderosos a que devolvieran a sus legítimos dueños las tierras usurpadas y que las personas que hubieran sido convertidas en siervos a la fuerza recuperaran su libertad. Al hacerse visibles los resultados de esta reforma, el pueblo comenzó a venerar a Sindon como a un santo. Los altos linajes, en cambio, viéndose en la situación de tener que entregar las extensas propiedades que habían acumulado, lo convirtieron en objeto de sus ataques. Al final Sindon fue obligado a dejar su puesto y ejecutado poco después. Las tierras y los siervos retornaron a las manos de los altos linajes y, tres años después de la muerte de Sindon, el rey Gongmin sufrió una muerte sospechosa en manos de un sirviente eunuco.

La desaparición de Sindon significó un fuerte golpe para el budismo. Nunca había estado exento de críticas, pero esta vez se alzaron fuertes voces exigiendo su desarticulación. No era para menos, puesto que gracias a las donaciones de tierras que recibían de los linajes poderosos y a los terrenos que obtenían de los negocios que realizaban prestando dinero, los templos budistas se habían convertido en dueños de grandes riquezas y los monjes eran los protagonistas de todo tipo de depravaciones. Así, pues, en las postrimerías de Goryeo, después de disfrutar de un gran esplendor durante mil años, el budismo se aprestaba a entrar en un período de oscuridad que duró quinientos años.

El monje Chinul

De todos los monjes budistas coreanos, los que han recibido mayor atención de los estudiosos extranjeros son Wonhyo y Chinul. Como no son muchas las obras de Wonhyo que se han conservado, los estudiosos simplemente se contentan con nombrarlo de pasada cuando hablan del budismo chino, pero la situación es completamente diferente en lo que se refiere al monje Chinul. Para empezar, muchos coreanos escribieron sobre él en sus tesis realizadas en el extranjero y hasta existe una colección de analectas de Chinul publicada por una universidad norteamericana.

En el siglo XII se produjo una rebelión de la nobleza militar de Goryeo, que terminó tomando las riendas del gobierno. En consecuencia, el budismo quedó relegado y no pudo cumplir debidamente sus funciones de religión oficial. Chinul buscó entonces renovar el budismo y creó un movimiento llamado "Sociedad de la concentración y la sabiduría" (en coreano, *jeonghyesa*). El objetivo fue establecer una nueva comunidad de monjes de

Publicado en 1983 por University of Hawaii Press

Entrada del templo Jogyesa en el centro de Seúl

mente pura y disciplinada en lo profundo de las montañas. Chinul lo logró fundando el templo Songgwansa en el monte Jogye y en el proceso surgió la Orden Jogye.

Como Wonhyo, Chinul no tuvo maestros, pero aun así estudió por su cuenta los sutras y los tratados de los pensadores budistas chinos más reputados y alcanzó la iluminación. Dentro de la línea del budismo Zen, el pensamiento de Chinul privilegia la meditación al estudio doctrinal. Esta línea de pensamiento se transmitió al monje Seosan de Joseon y a través de este continuó intacta hasta el budismo coreano de nuestros días.

El pensamiento de Chinul dice que el practicante budista alcanza una primera iluminación a través del estudio de los sutras, y posteriormente logra la última y verdadera iluminación a través de prácticas disciplinarias progresivas.

Su teoría despertó una fuerte polémica en el seno del budismo Zen de

China y Corea. Los detractores sostienen que es incongruente e innecesario que haya que pasar por dos iluminaciones en lugar de una y afirman que puede dar lugar a que surjan falsos iluminados que confundan la primera iluminación con la última y verdadera.

Si se lo piensa, en el fondo no son del todo irreconciliables las dos posturas de una iluminación única y súbita que es propia del budismo Zen convencional y de una iluminación progresiva como propone Chinul. Al fin y al cabo, ambas sostienen que la iluminación verdadera es una sola. Quizá toda esta contienda no se habría producido si Chinul no hubiera llamado iluminación a la primera fase, que debe ser entendida más bien como un despertar, una toma de conciencia intelectual acerca del buda que anida en nuestra naturaleza. Por otra parte, las dos teorías son válidas dependiendo del nivel del practicante budista. Si este ya ha alcanzado un nivel lo suficientemente alto por el esfuerzo realizado a lo largo de sus vidas pasadas, es probable que logre una iluminación única y súbita. En cambio, si es un practicante que todavía necesita recorrer un largo camino en su disciplinamiento, será más adecuado para él un primer despertar, seguido de un cultivo gradual de su mente hasta que alcance la iluminación definitiva, como propone Chinul.

La Tripitaka y el Janggyeonggak

Al producirse la invasión mongola, el rey de Goryeo y toda su corte se trasladó a la isla Ganghwa, que se convirtió provisoriamente en la capital del país. Allí los monjes budistas comenzaron a tallar las planchas de la Tripitaka con el fin repeler la invasión extranjera a través de la fuerza de la fe.

La Tripitaka de Goryeo es la compilación más completa que existe de las escrituras budistas. Está compuesta de los sutras, que son las palabras y enseñanzas de Buda, de las reglas de la vida monástica y de las interpretaciones más importantes de los sutras. Son en total 81.258 planchas de madera grabadas por ambos lados, de modo que equivalen a cerca de 163.000 páginas de texto. Sobre ellas se grabaron unos 53 millones de ideogramas y esta ingente tarea demandó 16 años completos (1236-1252).

Mientras los monjes inscribían una a una las escrituras en la madera, pedían con toda su alma a Buda que les diera las fuerzas para rechazar a los invasores. Ya habían realizado la misma labor varios siglos antes cuando invadieron los khitanes y creían firmemente que habían podido repeler ese ataque gracias a esta demostración de fe. Sin embargo, los mongoles quemaron esas planchas en su camino de destrucción, por lo que los monjes decidieron que era necesario repetir la laboriosa e ingente tarea.

Cada vez que terminaban de tallar un ideograma, hacían tres reverencias inclinándose hasta el suelo. Como labor de infinita devoción que fue, es imposible encontrar el más mínimo error en las tablas de la Tripitaka. Debieron participar en el trabajo al menos unos quinientos monjes, pero el estilo de escritura es tan semejante que todos los ideogramas parecen realizados por la misma mano.

La Tripitaka de Goryeo es una obra excelsa también en términos de contenido. Para su elaboración se cotejaron, ordenaron y editaron las mejores versiones de los sutras de India, China, Khitan, Jurchen y Japón. Por otra parte, contiene textos que han desaparecido en China y Japón, de modo que la Tripitaka de Goryeo es un tesoro invaluable que preserva de manera íntegra el pensamiento budista.

En 1398 la Tripitaka fue trasladada al templo Haeinsa, donde se construyó un conjunto de edificios llamado Janggyeonggak para albergarla. El Janggyeonggak está a la altura del valioso tesoro que guarda en su interior.

Una de las más de 80.000 planchas de impresión de la Tripitaka

Fue construido durante el período Joseon con el fin de preservar las más de 80.000 planchas de la Tripitaka Coreana. Tiene ventanas en la parte superior e inferior de las paredes para facilitar la circulación del aire y disminuir la diferencia de temperatura entre el día y la noche. El suelo está cubierto de sal y carbón para que absorba la humedad y todas las planchas están alineadas guardando cierta distancia entre sí para que estén siempre aireadas. Gracias al Janggyeonggak, las más de 80.000 planchas se conservan en perfecto estado hasta nuestros días, sin la menor señal de

Interior del Janggyeonggak, donde se conservan las planchas de la Tripitaka

retorcimiento de la madera. La Tripitaka de Goryeo, junto con el Janggyeonggak, fueron declarados como Patrimonios Culturales de la Humanidad por la Unesco.

4.4. El budismo en el período Joseon

Desde Goguryeo y durante todo el período Goryeo, el budismo disfrutó de mil años de florecimiento ininterrumpido. Sin embargo, al comenzar la dinastía Joseon en 1392, entró en un largo período de estancamiento y deterioro debido a la política de opresión y persecución del budismo que implementó Joseon al adoptar el confucianismo como religión e ideología oficial del reino. Por esta razón, en el período Joseon no surgieron monjes que contribuyeran de manera relevante al desarrollo del pensamiento budista ni se conservaron monumentos budistas de esta época que revistan de importancia histórica y cultural.

Desde fines del período Goryeo y especialmente a principios de Joseon, la nueva nobleza en ascenso atacó despiadadamente al budismo, pero este no logró replicar eficazmente estos ataques, de modo que las extensas propiedades y los alrededor de cien mil sirvientes que poseían los monasterios budistas fueron confiscados por el gobierno. Esto no fue todo, puesto que por ley se equiparó a los monjes con los chamanes y carniceros, que ocupaban el lugar más bajo de la escala social de Joseon. Asimismo se prohibió que los monjes ingresaran a Seúl, la capital del reino; se decretó la fusión de las órdenes budistas; se abolieron los oficios oficiales que se hacían para la realeza y el Estado; y se fortaleció el sistema que obligaba a las personas a pagar un impuesto y obtener un permiso para poder convertirse en monjes. Incluso se llegó a prohibir el ingreso a la vida monacal durante el reinado del rey Seongjong (1457-1494).

Lo extraño es que a pesar de lo denigrantes y discriminatorias que fueron las medidas que se tomaron contra ellos, el budismo casi no mostró reacción alguna. No se produjeron amotinamientos de los monjes ni se levantaron los creyentes en apoyo o reclamo de su fe, como sería lo esperable de una religión que prevaleció en el país de manera incontestable durante mil años. La razón es que el budismo fue durante demasiado tiempo excesivamente dependiente del poder real y la clase gobernante, de modo que cuando esta clase le dio la espalda, se encontró sin ningún apoyo. Si el budismo hubiera echado raíces más profundas en el pueblo, seguramente habría podido presentar algún tipo de resistencia.

De todas maneras, los primeros reyes de la dinastía Joseon mantuvieron estrechos lazos personales con el budismo. El fundador de la dinastía Taejo Yi Seonggye (1392-1398) tuvo al monje Muhak como amigo y consejero. El rey Sejong (1418-1450), a pesar de haber ordenado la fusión de las órdenes budistas, fue un creyente ferviente. Durante su reinado, ordenó que se escribiera una crónica de la vida de Buda Sakyamuni que se llamó *Seokbosangjeol*, la cual hizo traducir luego a la escritura alfabética coreana *hangeul*.

El hijo del rey Sejong, que reinó luego como Sejo (1455-1568), realizó una composición musical budista llamada *Yeonsanhoesanggok* que se conserva hasta la actualidad y está altamente reputada por los especialistas. Este mismo Sejo, que mató a su sobrino y a un gran número de ministros y parientes para ascender al trono, sufrió de un profundo sentimiento de culpa en los últimos años de su reinado, el cual trató de aliviar aferrándose a la fe budista. Por ejemplo, durante su reinado se tradujeron al *hangeul* los sutras[4] más importantes como el del Loto y *del Diamante* y se permitió

4) Se denomina "sutra" a las escrituras budistas que recogen las palabras y las enseñanzas de Buda.

Pagoda de piedra de diez pisos del templo Wongaksa de Seúl, cuyo solar está ocupado actualmente por el Parque Tapgol

temporalmente la entrada de los monjes a Seúl. Asimismo, cosa excepcional en un rey de Joseon, ordenó la construcción de un templo en aras de la salud de la realeza en pleno corazón de Seúl. El templo se llamó Wongaksa y se levantaba en donde actualmente se ubica el Parque Tapgol, aunque ahora solo se conserva una pagoda de piedra como resto del lugar.

Posteriormente, salvo un breve período favorable que disfrutó el budismo durante el reinado de Myeongjong a mediados del siglo XVI debido a que la reina madre era creyente ferviente, durante el resto del período Joseon siguió siendo objeto de marginación y represión.

Durante la invasión japonesa de Hideyoshi (1592-1598), los monjes budistas mostraron valentía y arrojo en la defensa del reino, por lo que las medidas opresivas contra el budismo se suavizaron en los años posteriores.

Pintura moderna que recrea el ejército de monjes que luchó contra los invasores japoneses a fines del siglo XVI

Por ejemplo, Yeonggyu, Seosan, Cheoyeong y Samyeongdang organizaron ejércitos formados por monjes que pelearon de manera eficaz contra los invasores a la par del pueblo. En particular, Samyeongdang fue a Japón en nombre del rey y firmó la paz con los invasores trayendo con él a su vuelta alrededor de 3.000 personas de Joseon que habían sido tomadas prisioneras por los invasores.

A medida que fue creciendo el malestar debido a las contradicciones sociales del período Joseon, los oprimidos se apoyaron en numerosas ocasiones en el budismo que les ofrecía la esperanza de la llegada del mesiánico Maitreya. Por ejemplo, los monjes formaron parte de la cuadrilla de bandoleros que lideraba Jang Gilsan a fines del siglo XVII y también participaron activamente en la rebelión campesina de 1894.

La política de opresión que implementó Joseon contra el budismo durante quinientos años se levantó paulatinamente a partir de 1895, cuando se reconoció la libertad de culto y se permitió la entrada de los monjes a Seúl. Antes de que se notaran los resultados de esta medida, Corea entró bajo el dominio imperialista japonés (1910-1945), que implementó una fuerte política de control y represión en todos los órdenes. Asimismo, por la influencia del budismo japonés, los monjes coreanos comenzaron a casarse y a tener hijos, lo cual aceleró la decadencia del budismo y la caída de la estimación a los ojos de la sociedad. Sin embargo, existió un monje en este período que dejó un valioso ejemplo de vida. Su nombre era Manhae y participó en las manifestaciones independentistas del 1 de marzo de 1919 contra la dominación japonesa.

4.5. El budismo coreano actual

Después de pasar por toda clase de persecuciones y afrentas durante el período Joseon y la dominación japonesa, el budismo coreano se encontraba en una situación de total deterioro y decadencia en las primeras décadas del siglo XX. Por otra parte, al crecer la influencia de Estados Unidos a partir de la emancipación y la Guerra de Corea, la cultura occidental y el cristianismo se adueñaron de la vida coreana, por lo que el budismo entró en un estado aun más agonizante.

El presidente Rhee Syngman proclamó entonces lo que se conoce como la Admonición de Purificación del Budismo, en el que se conminaba enfáticamente a realizar una purga de los monjes casados. En ese entonces, los monjes casados constituían la mayoría y en sus manos se encontraban casi todos los templos, mientras que los que mantenían el celibato eran solo unos cientos. Como estos eran demasiado escasos en número, recurrieron al detestable método de reclutar gran número de nuevos monjes en los estratos nada recomendables de la delincuencia y la mafia. De este modo, la pugna que se desató por el poder en el seno del budismo fue una verdadera guerra de pandillas, que desacreditó aún mayor la alicaída imagen de esta fe. Como sea, después de repetidos y confusos hechos de violencia, los monjes célibes recuperaron el poder y el control del budismo.

Naturalmente quedan todavía importantes cuestiones que resolver, la más importante de las cuales es la erradicación de esos elementos violentos que son totalmente ajenos al budismo. En la época de la dictadura, las autoridades supieron utilizar de manera eficaz esos focos ajenos al budismo para su provecho, haciendo que el budismo perdiera su independencia y capacidad crítica. Por fin, en 1994 el budismo se declaró independiente de todo poder político entrando en una nueva etapa de restauración y paulatina renovación interna.

Otro aspecto lamentable es el escaso nivel de desarrollo alcanzado por el budismo coreano moderno en materia de estudios doctrinales en los últimos siglos. En estos momentos, la autoridad internacional del budismo coreano es Robert Buswell del Centro de Estudios Budistas de la Universidad de

Foto del monje Seongcheol (1912-1993) y sariras (reliquias semejantes a perlas que quedan tras la cremación de los santos budistas)

California, Los ángeles, que ha traducido los tratados más importantes del monje Chinul y ha escrito numerosos artículos sobre el budismo coreano. Sin embargo, debido a la ausencia de monjes que manejen el inglés, sus estudios son prácticamente desconocidos por el budismo coreano.

Si los estudios doctrinales se encuentran en un nivel elemental, sería de esperar que al menos hubiera monjes que se destacaran por dar ejemplo a través de sus prácticas religiosas, pero salvo algunos pocos que han alcanzado relevancia dentro del país, como Seongcheol o Beobjeong, ninguno es conocido en el exterior. De seguir de este modo, el budismo coreano difícilmente trascenderá las fronteras del país.

5. El legado budista

Por ser totalmente diferente de la visión china que se centra únicamente en este mundo y por su teoría del *karma* que atraviesa la vida anterior, la presente y la futura, el análisis minucioso de la mente humana y las ideas de compasión y salvación cifradas en la figura del bodhisattva, el budismo representó una forma de ver el mundo completamente nueva para Asia. Debido a que el budismo entró filtrado previamente por la cultura china, pudo ser asimilado con gran facilidad en Corea.

Si el confucianismo primitivo pudo ser algo más que un comportamiento ético y superó los límites de este mundo para interrogarse sobre los principios y los fines de la existencia, fue gracias a la influencia del budismo. Es muy cierto cuando los estudiosos afirman que nunca habría surgido el neoconfucianismo de Zhu Xi sin el budismo. La idea del principio o razón *li*, que es el sello del neoconfucianismo, no se encontraba siquiera esbozada en Confucio o Mencio. Fue gracias al contacto con la filosofía del budismo Huayan –que distingue el mundo de los principios y el mundo fenomenológico de las cosas– que el confucianismo pudo proveerse de un sistema de pensamiento metafísico.

Como lo sostienen la mayoría de los estudiosos, el surgimiento del budismo Zen en China puede explicarse como el producto de la fusión del taoísmo chino y el budismo indio. El taoísmo alcanzó la cúspide de su filosofía con Laozi y Zhuangzi. Estos filósofos no solo señalaron cuáles eran los problemas existenciales más acuciantes del hombre sino que también ofrecieron una solución a esos interrogantes. Sin embargo, si el taoísmo se quedó en una filosofía y no llegó a ser una religión en el sentido pleno de la palabra fue porque no pudo proporcionar la vía para alcanzar esa solución propuesta. Por otra parte, en el taoísmo no es posible hallar interés o amor alguno hacia el prójimo. El taoísmo es un camino para recorrer en solitario y cuya meta solo alcanzan unos pocos. Es, pues, una filosofía elitista a la que no tiene acceso el común de los mortales. Sin embargo, cuando el budismo le proporcionó una vía concreta y a la vez original para acceder a la dimensión de lo absoluto como es la meditación, el taoísmo se vistió con ropas budistas y alcanzó por fin la dimensión de una religión.

La influencia del budismo en las creencias populares también fue enorme. En particular, enseñó por primera vez en Asia los conceptos de paraíso e infierno. Antes de difundirse el budismo, el común de la gente no tenía ninguna idea en particular acerca de la otra vida. Sin embargo, el budismo reveló la existencia de al menos dos estadios del paraíso, como son la Tierra Pura y el Cielo Tusita, e infinidad de infiernos a los que se arriba de acuerdo al *karma* que crea cada uno. Esta idea de la existencia de una justicia retributiva en la otra vida según los actos que se perpetran en esta vida proviene del budismo. Asimismo, la visión del infierno budista influyó poderosamente en el chamanismo coreano, a tal punto que se puede decir que toda la imaginería del infierno que posee el chamanismo proviene del budismo.

Como se puede apreciar, gracias al budismo se ampliaron los horizontes del pensamiento filosófico, se enriqueció la imaginación y se encontró consuelo para los embates de la vida recurriendo a la idea de *karma*, que explica los incontables avatares a los que nos enfrentamos diariamente. Una de las funciones primordiales de toda religión es brindar alivio y consuelo a los creyentes. En este sentido el budismo fue un apoyo espiritual como ningún otro, pues compensó ampliamente la excesiva racionalidad del confucianismo y la excesiva laxitud y falta de organización del chamanismo.

Por último, hay que recordar que el budismo es una religión que se basa en la compasión, una compasión que no se dirige solo hacia los hombres sino a todos los seres vivos, incluidos los vegetales. Dirigiéndose a los templos donde se encuentran el magnánimo Buda Sakyamuni y los piadosos bodhisattvas que interceden y hacen realidad los anhelos de los creyentes, los antiguos coreanos debieron encontrar no solo paz sino también una honda exaltación religiosa. Si el confucianismo fue como un padre severo que exige el cumplimiento de reglas y principios morales, el budismo fue para los coreanos como una madre generosa siempre dispuesta a perdonar y recibir en su seno a su prole.

5.1. Los templos budistas en el paisaje de Corea

Corea es un país predominantemente montañoso, pero las elevaciones no son muy altas ni escarpadas, por lo que en su mayoría son fáciles de acceder para las personas. Otra particularidad es que en todos los lugares prominentes de gran belleza panorámica suele estar emplazado un templo budista. Montaña y templo son tan inseparables en el paisaje y en la mente de los coreanos que ir a la montaña es visitar un templo y visitar un templo es ir a la montaña. En este sentido, los templos son una especie de hogar espiritual al que los coreanos acuden cuando se cansan del ruido y el ajetreo mundanos, pero también constituyen el más común de los paseos cuando desean estar cerca de la naturaleza. Basta subir por la ladera de cualquier montaña para que seguramente en algún punto recóndito nos encontremos con una ermita o un templo budista.

Desde el punto de vista religioso, un templo es como una flor de loto nacida en el fango, es decir, un espacio puro y sagrado en este mundo de dolor y sufrimiento. Por esta razón, los templos suelen estar en la parte más profunda de un valle. Para acceder a ese espacio, que es la realización del reino de Buda en la tierra, es preciso prepararse.

El curso de agua que se cruza indefectiblemente para llegar a un templo es el lugar donde el creyente limpia su corazón de las impurezas que trae del

Puerta iljumun del templo Yongmunsa en el monte Sobaeksan (Yecheon, Gyeongsang del Norte)

mundo. Lo primero que se divisa del templo es una puerta conformada por pilares que sostienen un techo de tejas o *iljumun*. Aunque atravesar esta puerta no es todavía ingresar en el reino de Buda, es señal de que entramos en territorio sagrado y de que es preciso cortar los lazos que nos atan al mundo.

Avanzando un poco más, nos encontramos con otra puerta. Esta puerta se llama *cheonwangmun* y está custodiada por los cuatro Devas que vigilan los cuatro puntos cardinales. Los Devas son originalmente divinidades del hinduismo que adoptó el budismo. Tienen un aspecto sumamente amenazador, puesto que su función es la de vigilar que ningún ser impuro o maligno entre en el reino de Buda.

Después de andar otro trecho, es preciso atravesar una tercera puerta para entrar realmente en el reino de Buda. Esta puerta se llama °∏burimun, que significa literalmente "No es dos" , pues al atravesarla uno debe despojarse del hábito de ver el mundo a través de la lente dicotómica que nos lleva a diferenciar el yo y el tú.

El templo Bulguksa, que se encuentra en Gyeongju, provincia de Gyeongsang del Norte, es probablemente el que mejor evidencia la

Dos de los cuatro Devas que custodian la puerta cheonwangmun

Puerta burimun del templo Tongdosa en el monte Chiseosan (Yangsan, Gyeongsang del Sur)

estructura general de los templos budistas coreanos. En este templo, la puerta que cumple la función de la puerta *burimun* se llama Jahamun. Para llegar a esta puerta, hay que subir treinta y tres escalones —repartidos en las escaleras Cheonungyo y Baegungyo—, que representan los treinta y tres cielos de los que está constituido el universo según el budismo. Una vez que se supera el universo y se corta la cadena de la reencarnaciones, comienza el reino de Buda propiamente dicho. Esto es lo que significa subir los escalones que nos llevan a la puerta Jahamun.

Una vez que atravesamos esta puerta y nos encontramos en el reino de Buda, lo primero que veremos delante de nosotros es el santuario principal o *beobdang*, en cuyo interior se encuentra la estatua de Buda. Delante de este santuario, suele haber una o dos pagodas de piedra de varios pisos, en cuyo interior se atesoran sariras o cualquier otra reliquia budista.

Normalmente el santuario principal guarda la estatua de Buda Sakyamuni, en cuyo caso recibe el nombre de *daeungjeon*, pero a veces en su lugar

Puerta Jahamun del Templo Bulguksa de Gyeongju

encontramos la estatua de Buda Amitabha o de Buda Vairocana. En otras ocasiones, el santuario principal alberga varios Budas diferentes, como es el caso de los templos Haeinsa y Geumsansa.

Rodeando al santuario, donde se llevan a cabo los actos religiosos más

Pagodas de piedra Dabotap (en primer plano) y Seokkatap (al fondo) del templo Bulguksa de Gyeongju

Oficio budista en el daeungjeon del templo Jogyesa de Seúl

importantes, encontramos varios edificios que están dedicados a diversas etapas de la vida humana. Una de esas edificaciones recibe el nombre de *myeongbujeon* y gobierna todo lo relacionado con la muerte. En su interior se encuentra la imagen del bodhisattva Ksitigarbha, que se lo reconoce por su cabeza calva de color verde, el halo que rodea su testa y el báculo que lleva en una mano. Este bodhisattva, que es el patrón de los moribundos, ayuda a salir del infierno a todos los seres que han renacido en él por sus acciones. Lo acompañan los diez reyes del infierno o *siwang*, que son un legado del taoísmo chino y poseen la función de juzgar a los muertos.

También existe un recinto que tiene a su cargo los nacimientos y recibe el nombre de *samseonggak*. En su interior se encuentran la divinidad de la estrella boreal o *chilseong*, que controla la expectativa de vida de los seres, y *sansin*, que controla los nacimientos. Aún hoy las mujeres que acaban de ser madres van a rezarle a estas divinidades para pedirles una larga y saludable vida para sus hijos. Según una investigación, hay templos que carecen de santuario principal o *beobdang*, pero ninguno prescinde del *samseonggak*. Esto demuestra cuán enraizado está el chamanismo en el budismo coreano.

Bodhisattva Ksitigarbha rodeado a los lados por los reyes del infierno

Por otra parte, en los templos en los que es fuerte el culto a Maitreya o Avalokisteshvara, encontramos también santuarios dedicados a estos bodhisattvas.

Bulguksa significa "reino de Buda" y seguramente no es casual que tenga este nombre el templo que mejor recrea el ideal del reino de Buda en la tierra. Para empezar, en el centro de este templo se encuentra el santuario Daeungjeon, que guarda la estatua de Buda Sakyamuni que reina en este mundo. Junto a él se encuentra el santuario Geuknakjeon, que contiene la estatua de Buda Amithaba que reina en el paraíso de la Tierra Pura ubicado al poniente. Detrás de estos dos santuarios está el Birojeon, que guarda la estatua de Buda Vairocana, que encarna la ley budista o *dharma*, para que sea la base de los otros dos ámbitos del reino ideal de Buda.

5.2. El budismo y las mujeres

Si comparamos las religiones tradicionales del mundo, el budismo es una de las que se mostró más tolerante con las mujeres. En la India, la situación de las mujeres fue bastante buena en el período védico, pero en el período brahmánico siguiente decayó drásticamente. A partir de entonces, la consideración hacia las mujeres ha sido sumamente negativa en la India.

En el extenso poema narrativo *Majabharata* se puede leer que las mujeres son perversas por naturaleza, que son la causa de toda clase de males y el principal impedimento para alcanzar el Nirvana. En *Las leyes de Manu* se equipara a matar a una mujer con un crimen de poca monta como es el robo. Asimismo considera a las mujeres como simples instrumentos para traer hijos al mundo y que deben estar siempre bajo la vigilancia y la autoridad de un varón, de modo que si muere el marido, deben morir con él en la pira funeraria.

El budismo rechazó este estado de cosas. Las mujeres que seguían a Buda tuvieron la posibilidad de casarse libremente y elegir el trabajo de su preferencia. Asimismo el budismo consideraba que la mujer tenía los mismos derechos a expresar su opinión que el marido y enseñaba que la mujer debía ser tratada con respeto y lealtad y que debía ser agasajada con adornos y joyas. También permitían que las viudas volvieran a casarse si ese era su deseo. Como es propio de una religión que condena la destrucción de cualquier forma de vida, el budismo se manifestó en contra de la arraigada costumbre hindú de lanzar a las viudas a la pira funeraria de su marido o "suttee" que continuó hasta los tiempos modernos. Sobre todas las cosas, el budismo negó que el nacer como mujer fuera el efecto de un *karma* negativo y que las mujeres estuvieran imposibilitadas por naturaleza para alcanzar el Nirvana, como era la visión negativa del hinduismo tradicional. Sin embargo, esta revalorización de la mujer que sostuvo el budismo primitivo se invirtió hacia el siglo II a. C. A partir de entonces, la misoginia que fue el sello distintivo del hinduismo empezó a imperar también en el seno del budismo.

La primera mujer que se convirtió en monje budista fue la tía de Gautama Buda, la misma que lo crio en lugar de la madre. Dicen las escrituras que al principio Buda le negó la autorización para convertirse en monje ("bhikkhuni" como se llama a las monjes mujeres), pero Ananda, que era uno de sus discípulos y a la vez su primo, intercedió por ella, por lo que Buda terminó por otorgarle el permiso bajo ciertas condiciones. Estas condiciones nos muestran que, a pesar de la consideración que mostró el budismo hacia la mujer, en los hechos seguían existiendo discriminaciones. La condición que estableció Buda fue que las monjes mujeres debían mostrarse siempre respetuosas de los monjes varones, que no se mostraran solas sin la compañía de un monje varón, que no le dirigieran la palabra a un monje varón si este no lo hacía primero y otros condicionamientos por el estilo. Esto se reflejó en el número de reglas monásticas que estableció el budismo para monjes de uno y otro sexo. La vida de los monjes varones fue regulada con 250 preceptos, mientras que la vida de las monjes mujeres fue regulada con 348 preceptos, es decir, un 40 por ciento más de normas que los hombres.

Incluso se cuenta que cuando Buda se enteró de que su tía finalmente había tomado los hábitos de monje, manifestó que si las mujeres no se incorporaran a la vida monástica, sus enseñanzas podrían perdurar mil años más sobre la faz de la tierra. Después de la muerte de Buda, Ananda recibió duras críticas por haber promovido la vida monástica de las mujeres y los monjes varones se convirtieron en los únicos rectores de las órdenes monacales.

Seguramente esta actitud negativa que Buda mostró hacia las monjes no fue tan propio del pensamiento de Buda como de la actitud misógina que se filtró en las escrituras, puesto que estas debieron ser redactadas por monjes varones. En efecto, en ellas se describe repetidas veces a las mujeres como seres inferiores a los hombres, del mismo modo que el hinduismo sostiene que a las mujeres les es imposible alcanzar la iluminación. Cuando se habla de casos de mujeres que sí lo lograron, siempre aparece como condición previa su transformación en varones. Y no nos olvidemos que según la tradición, entre los tres demonios que asediaron a Buda en la noche anterior a su iluminación, uno de ellos se le apareció en forma de mujer para pervertirlo con sus encantos.

De cualquier manera, a pesar de la tendencia misógina que se apoderó muy pronto del budismo, al abrírseles a las mujeres el camino para la vida monástica, el monacato femenino no se interrumpió nunca en el seno del budismo. En las escrituras budistas aparece una lista de 71 monjes mujeres que tuvieron un papel rector en las primeras congregaciones. Un buen número de ellas provenía de la familia real y de la clase brahmánica, pero también muchas de ellas eran hijas de comerciantes y de prostitutas. El hecho de que mujeres de origen tan opuesto estuvieran en una misma congregación religiosa debió ser casi revolucionario para la época.

Del mismo modo, las congregaciones budistas actuales de Corea también

Tres monjes budistas mujeres

están regidas mayoritariamente por monjes varones. Comparadas con las monjes japonesas, las coreanas son muy superiores en número, pero su posición no es relevante en el seno de las congregaciones ni su voz tiene especial peso en la sociedad.

5.3. El budismo y los problemas medioambientales

Desde la aparición del hombre sobre la tierra, el mundo nunca ha estado tan sujeto a la posibilidad de una extinción colectiva como en estos días. Si bien en la historia de la Humanidad hubo grandes guerras y epidemias que mermaron la población de la tierra, las pérdidas fueron siempre localizadas. Sin embargo, hoy en día problemas graves como el calentamiento global y la contaminación medioambiental, provocados enteramente por el hombre, amenazan con destruir el planeta en el que vivimos.

En esta situación, se están levantando voces de protesta en todo el globo en forma de campañas ecológicas. A grandes rasgos, estas revisten dos formas. La primera opera mediante el enfrentamiento directo con los planes de desarrollo de gobiernos y empresas con el fin de evitar la destrucción del medioambiente. La segunda forma opera señalando la dirección que deben tomar las campañas ecológicas y proporcionando las bases teóricas y filosóficas del movimiento. En este sentido, todos coinciden en señalar que es tiempo de despojarnos de los intereses egoístas que nos mueven como individuos y como grupos sociales y nos llevan a privilegiar la vida humana por sobre todas las otras formas de vida. Se ha vuelto necesario como nunca concientizar a la población que la única forma de sobrevivir en el planeta es valorizando la convivencia de todos los seres vivos que lo habitan. En este sentido, el papel de las religiones puede ser central. Por esta razón, los medioambientalistas están volcando la mirada a Oriente y en particular al budismo, que le concede importancia primordial a todas las formas de vida por igual.

Ya en su doctrina, el budismo manifiesta un gran respeto no solo hacia los animales sino también hacia los vegetales e insectos. Precisamente el primero de los cinco mandatos budistas es *ahimsa*, es decir, no destruir a ningún ser vivo. Aunque aparentemente los seres vivos son independientes y no guardan ninguna relación entre sí, a los ojos de alguien que ha cultivado su espíritu con la sabiduría, todas las formas de vida tienen su origen y son parte de un todo vital único. Por esta razón, dañar a un ser vivo es dañar el universo y a la vida toda. La idea de la interdependencia que tanto enfatiza la escuela Huayan es la que proporciona la base filosófica a esta forma de pensamiento. La idea de que en una brizna de pasto se condensa todo el universo nos lleva de manera natural a no dañar nada de lo que nos rodea. Este profundo y absoluto respeto a la vida es lo que justifica la prohibición budista de comer carne. El vegetarianismo es, pues, la manera budista de reducir mínimamente el daño de nuestro entorno con el fin de mantenernos vivos.

Por otra parte, la budeidad no es solo cosa de los seres humanos. En todos los seres vivos habita Buda. Por esta razón, destruir cualquier forma de vida es dañar la budeidad del mundo. Incluso existe una regla budista que prohíbe cavar profundamente la tierra, puesto que es dañino para los insectos que habitan bajo el suelo. Como todo es uno, si se daña a cualquier forma de vida, a la larga el daño vuelve como un búmeran hacia el que lo perpetró. Por esta razón, cualquier daño infligido a otro ser equivale a uno hecho a sí mismo.

Se puede decir que la ciencia misma avala la idea budista de que todas las formas de vida son en realidad una, puesto que, como es bien sabido, la gran variedad de seres vivos que existe actualmente en la Tierra tiene como punto de partida un organismo unicelular extremadamente simple que vivió hace 4.500 millones de años. En este sentido, todos los seres del planeta procedemos de un mismo antepasado y estamos íntimamente emparentados. Es decir, todos somos uno.

En contrapartida, en ninguna parte de la doctrina cristiana encontramos la preocupación por preservar a los insectos o a los animales como es constante en el budismo. El amor que predica el cristianismo concierne exclusivamente a los seres humanos, no a los demás seres que habitan el planeta. Este antropocentrismo cristiano no ha hecho más que impulsar la destrucción medioambiental. La mentalidad occidental considera a la naturaleza como un mero objeto de conquista y el origen de esta forma de pensamiento se encuentra en la Biblia. En el Génesis, después de haber creado el universo, Yahvé se lo entrega a los hombres para que sean dueños de él y hagan con él lo que deseen. Así fue interpretado este pasaje durante milenios, aunque últimamente se alzan interpretaciones ecologistas que dicen que Dios no le dio el mundo al hombre en propiedad sino en concesión para que lo cuidara y protegiera.

En cualquier forma, más allá de las fundamentaciones filosóficas o religiosas, el movimiento ecologista necesita de un eslogan concreto que sea fácil de comprender y seguir por todos. En este sentido, el principio budista de que debemos librarnos de las apetencias vanas es muy conveniente. Si hemos llegado a este nivel actual de contaminación y de explotación de los recursos naturales que pone en peligro la continuidad del planeta es porque el hombre no ha sabido ponerle freno a su codicia. Es tiempo de controlar nuestro consumo desmedido y adquirir el hábito de una vida mucho más frugal. A partir del momento en el que limitemos nuestros deseos y tomemos de la naturaleza solamente aquello que nos hace falta, le daremos el tiempo que necesita para regenerarse sola.

Precisamente el budismo ofrece el referente más concreto de esta vida frugal y en armónica convivencia con la naturaleza. El mejor ejemplo es el significado que tiene el acto de comer para el budismo. La comida es el regalo que nos ofrecen el planeta y el trabajo de otras personas, en consecuencia comer debe ser un acto de agradecimiento. De hecho, para los monjes el acto de comer es un rito tan sagrado como cualquiera de los oficios que ofrecen a Buda. En primer lugar, después de depositar en su plato o cuenco solo la cantidad necesaria de comida, se la terminan por completo sin dejar sobras. A continuación, vierten un poco de agua y con esta enjuagan los últimos restos de comida. Por último, se beben esa agua. De esta manera, no solo se aprovechan al máximo los alimentos sino que no generan desperdicios ni tampoco se malgasta o se contamina el agua con detergentes.

Antiguamente a los monjes de la India solo se les permitía vestirse con los trapos con que cubrían a los cadáveres que iban a ser incinerados, dando muestras de humildad y renuncia extremas. Asimismo en el budismo antiguo estaba estipulado que las pertenencias personales de los monjes no sobrepasaran el número de diez objetos. En los tiempos en los que los monjes vivían pidiendo limosna, tenían la obligación de comer lo que les daba la gente, sea cual fuere esa comida, y no les estaba permitido pedir en más de siete casas. Si no les daban comida en ninguna de ellas, ese día debían pasar hambre. Hubo también una época en la que a los monjes solo se les permitía comer una vez al día y eso debía ser antes del mediodía. Por esta razón, a una persona debilitada y sin fuerzas le decían que parecía "un monje sin cenar".

Sin duda alguna, todas estas muestras de humildad y renuncia de los monjes budistas antiguos son demasiado extremas e incompatibles con la vida moderna. Hemos conseguido demasiadas comodidades como para poder renunciar a ellas, pero sí vale la pena emular el espíritu que animaba a los monjes budistas para ponerle un límite a nuestro desmedido afán de consumo.

Por último, es importante tener en cuenta que para reducir nuestro deseo de bienes materiales y sentirnos satisfechos de poseer poco, debemos enriquecer primero nuestra mente y nuestro espíritu. Sin duda alguna, cuando ponemos en práctica los valores espirituales que nos enaltecen o los principios religiosos en los que creemos, la felicidad que sentimos es mucho más intensa, grande y duradera que la que obtenemos cuando llegamos a poseer un objeto de nuestro deseo.

Símbolo ahimsa de no violencia y compasión hacia todos los seres vivos, común al jainismo, hinduismo y budismo